I0490061

INHALTSVERZEICHNIS

WIE ES WIRKLICH IST, EIN BERATER ZU SEIN

Die Unternehmensberatung kann einer der besten und lukrativsten Berufe der Welt sein. Je mehr man sich anstrengt, desto härter arbeitet man. Und je mehr Fähigkeiten Sie entwickeln, desto mehr haben Sie davon, desto erfolgreicher werden Sie und desto mehr Geld werden Sie verdienen.

Es gibt so viele Aspekte, die die Arbeit eines Beraters ausmachen.

1. FLEXIBILITÄT

Sie haben die volle Kontrolle über Ihren Zeitplan. Ich nehme mir frei, wann ich will, und ich kann aufstehen, wann ich will. Mein Zeitplan ist so, wie ich ihn gestalten möchte.

Ein großer Mythos über die Beratung, den Sie von vielen Leuten hören werden, ist, dass Sie diese Art von Flexibilität vom ersten Tag an genießen können. Die Leute, die dies behaupten, erzählen Ihnen nur einen Teil der Geschichte. Sie haben zwar die volle Kontrolle darüber, wann Sie arbeiten, aber wenn Sie in diesem Geschäft erfolgreich sein wollen, müssen Sie sich konsequent und konzentriert bemühen.

Auch wenn ich mir jetzt jederzeit frei nehmen kann, um einen auswärtigen Gast zu besuchen oder in den Urlaub zu fahren, so hat es doch einige Zeit gedauert, mein Geschäft aufzubauen, um an diesen Punkt zu gelangen. Zwar habe ich meinen Zeitplan manchmal so gestaltet, dass ich drei Wochen im Monat arbeite und eine Woche frei habe, aber das konnte ich nur, weil ich in diesen drei Wochen voll gearbeitet habe. Außerdem habe ich die Freiheit, um die Welt zu reisen und mit Kunden zu arbeiten. Allein in diesem Jahr habe ich drei Monate in Japan und sechs Wochen in Europa verbracht, außerdem war ich in Kalifornien, Toronto und Mexiko.

Um es klar zu sagen: Es gibt einen großen Spielraum für Flexibilität, wenn man die Kontrolle über seinen eigenen Zeitplan hat, aber das erfordert eine Menge harter Arbeit. Aber keine Sorge. In diesem Buch lernen Sie alle Fähigkeiten, Tipps und Strategien, die Sie brauchen, um schneller zum Erfolg zu kommen.

2. WÄHLEN SIE AUS, MIT WEM SIE ZUSAMMENARBEITEN WOLLEN

Wir alle hatten schon einmal das Vergnügen, mit Menschen zu arbeiten, deren Gesellschaft wir nicht mögen. Sie sind lästig. Sie machen Versprechungen und halten sie nicht ein. Die Liste lässt sich beliebig fortsetzen. Vielleicht war es Ihr Chef oder ein anderer Mitarbeiter. Wie dem auch sei, als Berater suchen Sie sich aus, mit wem Sie zusammenarbeiten. Sie nehmen Projekte an, die Sie interessieren und an denen Sie arbeiten wollen, und kümmern sich nicht um den Rest.

Auf den meisten Beratungsmärkten können Sie sich aussuchen, woran Sie arbeiten. Dazu werde ich später im Buch noch mehr sagen.

3. SIE KONTROLLIEREN IHR EINKOMMENSPOTENZIAL

Es gibt nur eine Person, die kontrolliert, was Sie verdienen, und das sind Sie! Ich übertreibe nicht, um gut zu klingen. Sie können in diesem Geschäft wirklich so viel oder so wenig verdienen, wie Sie wollen.

Wenn Sie 80.000 bis 100.000 Dollar als Teilzeitbeschäftigter oder 500.000 bis 1 Million Dollar oder mehr im Jahr als Berater verdienen wollen, haben Sie die Möglichkeit, dies zu tun. Natürlich sollten Sie nicht erwarten, dass Sie dieses Niveau über Nacht erreichen. Ich biete keine Schnellschussprogramme oder einen Weg zu sofortigem Reichtum an. Das Beratungsgeschäft erfordert harte Arbeit, Motivation und Entschlossenheit Ihrerseits, aber echter Erfolg ist erreichbar. Ich weiß das, weil ich es schon seit vielen Jahren mache.

DIE HERAUSFORDERUNGEN, DENEN SIE SICH STELLEN MÜSSEN

Berater genießen zwar viele Vorteile, sind aber auch mit einigen schwierigen Situationen konfrontiert. Mein Ziel mit diesem Buch ist es, Sie mit den Werkzeugen, Strategien und dem Wissen auszustatten, das Sie benötigen, um mit jeder Herausforderung umzugehen, der Sie begegnen werden.

Werfen wir einen Blick auf einige der häufigsten Herausforderungen.

1. EINSAMKEIT, ENTSCHLOSSENHEIT UND MOTIVATION

Das mag wie eine unbedeutende Herausforderung klingen. Sie denken vielleicht: "Das ist kein Problem für mich", und damit haben Sie vielleicht recht. Aber solange Sie nicht Ihre gesamte Zeit darauf verwenden, Berater zu werden, werden Sie nie wissen, wie gut Sie auf diese Herausforderungen vorbereitet sind.

Tatsache ist, dass die meisten Berater allein arbeiten, viele von einem Heimbüro aus. Ich empfehle sogar, ein Home Office zu nutzen, aber darauf kommen wir später zurück. Wenn Sie jedoch viel Zeit damit verbringen, allein zu arbeiten, müssen Sie sich auf das einstellen, was mit dem Gebiet einhergeht.

Sie werden sich manchmal einsam fühlen, seien Sie also darauf vorbereitet. Sie werden in Ihrem Büro sitzen und auf Ihren Computer oder ein Blatt Papier starren, ohne mit jemandem zu sprechen.

Es gibt überall Ablenkungen - vom Fernseher über das Surfen im Internet bis hin zu allem anderen, was Sie finden können, um sich von Ihrer Arbeit abzulenken.

Eine der besten Eigenschaften, die ein Berater haben kann, ist die Motivation. Sie müssen in der Lage sein, sich selbst zu motivieren, denn ohne Zweifel werden Sie sich fragen, warum Sie das tun, was Sie tun. Sie werden sich fragen, ob Sie wirklich in dieser Position sein sollten, in der Sie kein festes Einkommen haben, sich ständig mit Kunden auseinandersetzen müssen und niemanden haben, mit dem Sie den ganzen Tag über regelmäßig sprechen können.

Es ist nicht leicht, aber wenn Sie dies als normales Gefühl akzeptieren, dem Sie begegnen WERDEN, haben Sie den halben Weg geschafft.

Wissen Sie, die meisten Menschen geben auf, wenn sie dieses Gefühl haben, und werden nie wirklich Berater. Sie tauchen ihren Zeh ins Wasser, aber sobald sie die eisige Kälte spüren, laufen sie davon. So kommt man nicht zum Erfolg.

Ich finde es oft hilfreich, einfach rauszugehen. Vereinbaren Sie so viele Treffen mit Kunden oder potenziellen Kunden wie möglich. Vereinbaren Sie Treffen mit anderen Beratern in Ihrer Stadt. Unterwegs zu sein und mit anderen zu sprechen, bringt in der Regel die Motivation und den Willen zum Erfolg zurück.

Der Schlüssel, um in Zeiten der Unsicherheit motiviert zu bleiben, liegt darin, sich eine entscheidende Frage zu stellen, die sich zu wenige von uns stellen: "Worin bist du gut?"

Diese Frage mag Ihnen vielleicht zu simpel erscheinen, aber ich versichere Ihnen, dass sie sehr aussagekräftig ist. Jeder von uns hat eine Stärke, einen Bereich, in dem wir uns auszeichnen, sei es eine natürliche Fähigkeit oder eine, die wir im Laufe der Zeit entwickelt haben.

Irgendwann in Ihrem Leben werden Sie sich (wenn Sie es nicht schon getan haben) auf der Suche nach Ihrer Leidenschaft befinden. Du fragst dich nach deiner Bestimmung auf der Erde. Du denkst über deinen nächsten Schritt nach. Sie wollen erfolgreicher werden.

In solchen Momenten sollten Sie sich fragen: "Was kann ich wirklich gut?" Erlauben Sie mir, Ihnen einige Vorschläge zu machen, die Ihnen helfen, diese Frage zu beantworten.

Beantworten Sie die folgenden Fragen:

- Wann sind Sie am leidenschaftlichsten oder aufgeregtesten?
- Wie sieht die Umgebung aus, in der Sie sich am glücklichsten fühlen?
- Wofür werden Sie von Freunden, Familie und Kollegen gelobt?
- Worum bitten die Leute Sie immer wieder um Rat?

In den letzten zehn Jahren habe ich gelernt, dass ich ein großartiger Ausbilder bin. Ich fühle mich geehrt und zufrieden, wenn ich mit Kunden arbeite und Unternehmer und Berater coache.

Als ich zum ersten Mal eine Präsentation vor anderen Unternehmern hielt, war ich nervös. Obwohl ich ein gewisses Selbstvertrauen besaß, hatte ich einen schweren Fall von Nervosität. Nach der Präsentation fühlte ich jedoch nur noch Begeisterung. Nicht nur, dass die Teilnehmer auf mich zukamen und mir Fragen stellten, auch die Organisatoren der Veranstaltung sagten, es sei ein Hit gewesen.

Das gab mir ein gutes Gefühl. Ich habe an diesem Tag Geld verdient, aber es ging mir nicht um das Geld. Anderen etwas zurückzugeben und meine Erfahrungen zu teilen, war eine wunderbare Erfahrung.

Es ist nicht immer leicht, herauszufinden, worin man wirklich gut ist, aber nur Sie können entscheiden, was das Richtige für Sie ist. Sie sind es sich selbst schuldig, zumindest mit dem Gedanken zu spielen, das zu tun, wofür Sie sich begeistern, auch wenn es Ihr Leben anfangs vielleicht schwieriger macht. Es ist Ihre Zeit wert. Es ist Ihr Leben, und Sie haben es nur einmal gelebt. Machen Sie es zu etwas Besonderem.

Wenn Sie erst einmal herausgefunden haben, was Sie gut können, werden Sie mehr Zielstrebigkeit und mehr Energie verspüren. Wenn Sie mehr Zeit damit verbringen, in einem Bereich zu arbeiten, in dem Sie großartig sind, werden Sie nicht nur glücklicher sein, sondern auch erfolgreicher werden.

Halten Sie sich selbst motiviert. Setzen Sie sich Ziele und arbeiten Sie auf sie hin. So werden Sie es in diesem Geschäft schaffen.

2. KUNDEN, OH MEINE KUNDEN!

Der Umgang mit Kundenproblemen lässt sich nicht vermeiden. Auch wenn Sie Ihre Kunden sehr sorgfältig auswählen und nur Projekte annehmen, die Sie interessieren, wird es immer wieder vorkommen, dass etwas schief läuft.

Kundenprobleme treten in der Regel dann auf, wenn man sie am wenigsten erwartet, und können einen Schock für Ihr System bedeuten. Vielleicht hat die Arbeit, von der Sie dachten, sie würde das Geschäft Ihres Kunden verbessern, dies nicht getan, und er will Antworten. Oder vielleicht ist die Zahlung, die Sie erhalten sollten, nicht eingetroffen, und Sie beginnen sich Sorgen zu machen.

Von Zeit zu Zeit werden Sie Fehler machen, und wenn das passiert, müssen Sie einen Weg finden, diese zu korrigieren und dafür zu sorgen, dass Ihr Kunde zufrieden bleibt.

Rechnen Sie mit Kundenproblemen, und machen Sie sich nicht selbst fertig. Sie könnten sich wie ein Schlag in die Magengrube anfühlen, und Sie könnten sich fragen, ob Sie in der richtigen Branche tätig sind. Beratung kann sich manchmal wie eine Achterbahnfahrt anfühlen, mit vielen Höhen und Tiefen.

Was hilft also? Seien Sie immer ehrlich zu sich selbst und Ihren Kunden. Verstehen Sie, dass es besser ist, sich sofort mit diesen Herausforderungen auseinanderzusetzen, als sich zu verstecken und zu hoffen, dass sie von alleine verschwinden.

Genießen Sie das Geschäft, wenn die Dinge gut laufen. Wenn es nicht so gut läuft, erkennen Sie, dass dies nur ein Teil des Zyklus ist. Arbeiten Sie daran, das Problem zu verbessern, und Sie werden schon bald wieder zu den guten Zeiten zurückkehren.

Ja, die schlechten Tage fühlen sich schrecklich an, und oft sind die guten Tage einfach nur gewöhnlich.

Aber die Tage, an denen man einen großen Auftrag erhält oder sich bei einem Kunden bedankt, sind wunderbar. Dann lohnt sich das alles.

3. LERNEN, LERNEN UND NOCH MEHR LERNEN

Einer der Schlüssel zu erfolgreichem Marketing und zur Entwicklung einer florierenden Beratungspraxis ist es, ständig zu lernen.

Die besten und erfahrensten Vermarkter sitzen nicht den ganzen Tag am Strand, zufrieden und bequem, dass sie alles wissen. Im Gegenteil, sie sind sich sehr wohl bewusst, dass sie nicht alles wissen.

Sie geben ihr hart verdientes Geld aus, um weiter zu lernen. Sie besuchen Seminare, kaufen Bücher, probieren neue Technologien aus und zahlen Tausende von Dollar, um mit Trainern zu arbeiten.

Ich kann Ihnen gar nicht sagen, wie wichtig es ist, mehr zu lesen. Während Sie daran arbeiten, Ihr Unternehmen aufzubauen, werden Sie vielleicht feststellen, dass Sie weniger Zeit haben, Bücher in die Hand zu nehmen und zu lernen. Ich weiß das; ich habe das auch schon erlebt.

Ich habe mir vorgenommen, das zu ändern, und das sollten Sie auch tun. Ich beschloss, mir immer Zeit zum Lesen zu nehmen, und das habe ich auch getan. In der Regel habe ich mehrere Bücher vor mir liegen, die sich mit Themen wie Wirtschaft, Marketing und Psychologie, Kreativität, Verkauf und Fitness beschäftigen.

Jedes Mal, wenn Sie ein Buch in die Hand nehmen, kommen Ihnen neue Ideen für Ihr eigenes Unternehmen und Ihr Leben. Man lernt neue Dinge, wird kenntnisreicher, regt seinen Geist an und wird mit Erfahrungen, Kulturen, Gedanken und Ideen konfrontiert, von denen man sonst vielleicht nie erfahren würde.

Die erfolgreichsten Menschen der Welt lesen. Die meisten von ihnen lesen SEHR viel. Einige der erfolgreichsten Menschen, die ich kenne, lesen mindestens zwei Bücher im Monat. Das sind vierundzwanzig Bücher im Jahr. Und das ist es, was ich jetzt tue.

Wie Mark Twain sagte: "Der Mann, der keine guten Bücher liest, hat keinen Vorteil gegenüber dem Mann, der sie nicht lesen kann".

In dem Moment, in dem Sie aufhören zu lernen, beginnen Sie zu scheitern, nicht nur geistig oder körperlich, sondern auch finanziell, denn Ihre Konkurrenz lernt weiter. Sie erlangen die Vorteile, die Sie einst hatten. Bald werden sie Sie aus Ihrer komfortablen Position verdrängen, und Sie müssen versuchen, den Rückstand aufzuholen.

Wer lernt, ohne etwas umzusetzen, wird aus Büchern schlau.

Wenn Sie etwas umsetzen, ohne es zu lernen, werden Sie zwar viel erreichen, aber mit großer Wahrscheinlichkeit das Falsche tun und dabei viel Zeit und Geld verschwenden.

Die kontinuierliche Umsetzung des Gelernten ist eine äußerst wirkungsvolle Kombination.

4. IHRE BESTE INVESTITION TÄTIGEN

Sie können als Berater ein stabiles Einkommen erzielen. Die Vorstellung, dass ein 9-to-5-Job stabiler ist als eine Beratertätigkeit, ist weitgehend ein Mythos.

Sicher, da ist etwas dran. Als Festangestellter haben Sie zum Beispiel alle medizinischen und versicherungstechnischen Vorteile, die Sie als Berater nicht haben. Andererseits haben die Menschen in wirtschaftlich schwierigen Zeiten gelernt, dass ihr Job als regulärer Angestellter nicht immer so sicher ist, wie sie denken. Sie können jederzeit entlassen, verkleinert oder überflüssig gemacht werden.

Allerdings bekommen Sie nicht alles umsonst, wenn es darum geht, mit Beratung ein stabiles Einkommen zu erzielen. Sie müssen einige Wahrheiten über die Beratung berücksichtigen, um die besten Chancen auf Erfolg zu haben.

Zunächst ist es wichtig, sich darüber im Klaren zu sein, dass Sie einige Anlaufkosten für Ausrüstung, Marketing und Werbung haben werden, die alle Unternehmen in der Anfangsphase benötigen. Diese Dinge kosten Geld, aber Sie sollten sie als eine kluge Investition betrachten.

Vor nicht allzu langer Zeit habe ich mich mit meinem Finanzberater zusammengesetzt, um alle Teile meines Portfolios zu überprüfen: Aktien,

Anleihen, Investmentfonds, Hedgefonds, Bargeld und all die anderen guten Dinge.

Ich hatte Geld in ein anderes Unternehmen gesteckt, aber ich erwog, es auf ein Holding-Konto für das neue Unternehmen zu legen, das ich gründen wollte. Ich wollte dies zum Teil zum Schutz tun, als Puffer für eventuelle Schwierigkeiten, denen das neue Unternehmen ausgesetzt sein würde, aber auch für Marketing und Werbung.

Das hätte bedeutet, dass ich weniger in meine Anlagen investiert hätte, also erwartete ich, dass er mir das ausreden würde, um mich davon zu überzeugen, stattdessen in die Märkte zu investieren.

Das tat er nicht. Er sagte sofort: "Ein Unternehmen ist die beste Investition, die man tätigen kann.

Diese Erfahrung habe ich im Laufe der Jahre gemacht, und deshalb war ich froh, ihn das sagen zu hören. Investitionen in ein eigenes Unternehmen sind zwar oft mit Risiken verbunden, aber das enorme Wachstumspotenzial, das sich daraus ergibt, ist es wert.

10.000 Dollar zu investieren und nach ein paar Jahren 20.000, 30.000 oder 50.000 Dollar zurückzubekommen, wäre außergewöhnlich, aber wenn man ein Beratungsunternehmen gründet, ist es nicht ungewöhnlich, im ersten oder zweiten Jahr 80.000, 100.000 oder sogar 200.000 Dollar zu verdienen.

Ich möchte Ihnen keineswegs raten, Ihre gesamten Ersparnisse in die Gründung eines neuen Unternehmens zu stecken. Aber in sich selbst zu investieren, ist oft die klügste Investition, die Sie tätigen können, und sie bietet die höchste potenzielle Rendite.

Sobald Sie die Anfangsinvestition getätigt haben, müssen Sie überlegen, wer Sie bezahlen wird. Als Berater bestimmen Sie selbst, mit wie vielen Kunden Sie zu einem bestimmten Zeitpunkt zusammenarbeiten. Manche arbeiten nur mit einem pro Jahr, andere mit zehn oder mehr. Wenn Sie mehrere Kunden haben, sind Sie abgesichert, denn selbst wenn einer von ihnen weggeht, haben Sie noch Einnahmen von den anderen.

Ich kann mir vorstellen, was Sie jetzt denken. "Ja, aber es ist schwierig, ständig mit mehreren Kunden zu arbeiten." Das ist nur dann schwer, wenn Sie Ihr Beratungsgeschäft falsch strukturieren.

Um Ihr Beratungseinkommen stabil zu halten, müssen Sie eine kontinuierliche Zusammenarbeit mit Ihren Kunden aufbauen. Auf diese Weise sind Ihre Projekte nicht auf einen Tag, eine Woche oder einen Monat begrenzt.

Ich verwende diese Struktur seit Jahren erfolgreich. Im Kapitel "Gebühren und Preisgestaltung" dieses Buches gehe ich im Detail darauf ein, wie Sie dies für sich nutzen können.

Es ist ein großartiges Gefühl, ein kontinuierliches und beständiges Einkommen aus Beratungsprojekten zu haben, und ich zeige Ihnen, wie Sie es erreichen können.

EIN TAG IM LEBEN EINES BERATERS

Jeder hat einen anderen Zeitplan, daher kann ich Ihnen nicht genau sagen, wie Sie Ihre Zeit einteilen sollten. Was ich mit Ihnen teilen werde, ist mein typischer Tag als jemand, der seit mehr als 18 Jahren ein Beratungsunternehmen führt.

Seit ich angefangen habe, hat sich mein Zeitplan ein wenig geändert. Die größte Veränderung fand statt, als meine Tochter geboren wurde. Damals beschloss ich, weniger zu arbeiten, um für sie da zu sein. Ich wollte sicherstellen, dass sie mich als einen anwesenden Vater wahrnimmt. Das ist eine Entscheidung, die ich getroffen habe und die ich aufgrund der Flexibilität meines Unternehmens treffen konnte.

In den Anfangsjahren meines Unternehmens neigte ich dazu, jeden Tag zwischen 5:30 und 6 Uhr aufzuwachen und dann bis 9 oder 10 Uhr abends zu arbeiten. Das müssen Sie nicht tun, und ich empfehle es auch nicht. Es gibt keinen guten Grund, sich mit Arbeit zu erschlagen oder seine Familie zu vernachlässigen. Aber ich sage Ihnen eines: Je mehr Sie sich in der Anfangsphase Ihres Unternehmens konzentrieren und engagieren, desto mehr Schwung werden Sie entwickeln. Es kann schwierig sein, in der Anfangsphase Fuß zu fassen, also können Sie es sich nicht leisten, zu entspannt oder selbstgefällig zu sein.

Wenn Sie Fortschritte machen und Ihr Unternehmen aufbauen, werden Sie einen Wendepunkt erreichen, an dem viele gute Dinge passieren. An diesem Punkt können Sie Ihren Zeitplan ändern. Sie müssen dann nicht mehr so vielen Kunden hinterherlaufen, weil Sie mehr Empfehlungen bekommen.

In den ersten Jahren sah mein Tagesablauf folgendermaßen aus. Nachdem ich um 6 Uhr morgens aufgestanden war, ging ich ins Wohnzimmer, um einige morgendliche Dehnübungen zu machen. Wenn man die meiste Zeit des Tages am Computer sitzt und arbeitet, ist es wichtig, seinen Körper in Form zu halten, und Dehnen ist ein Schlüssel dazu.

Danach frühstücke ich mit meiner Frau, lese eine Zeitschrift, die ich abonniert habe, oder schaue mir die weltweiten Schlagzeilen an. Dann setze ich mich an meinen Computer, prüfe und beantworte E-Mails. Außerdem lese ich verschiedene Blogs und andere Informationsquellen aus der Branche, um auf dem neuesten Stand zu sein.

Normalerweise klingelte das Telefon erst um 9.30 oder 10 Uhr, so dass ich in diesen ersten Stunden eine Menge Arbeit erledigen konnte.

Zu diesem Zeitpunkt hatte ich bereits geduscht und mich frisch gemacht. An manchen Tagen hatte ich Besprechungen mit Kunden um 10 Uhr morgens angesetzt, obwohl ich normalerweise Besprechungen am Nachmittag vorzog, da ich mich morgens besser konzentrieren und mehr erledigen konnte.

In der Regel machte ich eine Mittagspause, wenn ich nicht gerade eine Mittagssitzung hatte, die ich ein- oder zweimal pro Woche ansetzte. Ich hielt es immer für wichtig, dreißig Minuten bis eine Stunde Mittagspause zu machen, um von der Arbeit abzuschalten, zu entspannen und den Tag zu genießen.

Nach dem Mittagessen stürzte ich mich gleich wieder in die Arbeit. Ich verbrachte den Nachmittag am Telefon, schickte E-Mails und erledigte Arbeiten für meine Kunden. Ich hatte immer mehrere Termine pro Woche, obwohl ich empfehle, nicht zu viele einzuplanen, da man Zeit für die eigentliche Arbeit mit den Kunden, das Studium, die Recherche und die Vorbereitung auf die nächsten Termine braucht.

Seit den ersten Tagen hat sich mein Zeitplan geändert. Ich stehe um 6:30 Uhr auf und bin um 7 Uhr im Fitnessstudio. Ich komme zurück, dusche, frühstücke mit meiner Familie, spiele mit meiner Tochter und gehe um 9 Uhr ins Büro. Die erste Stunde jedes Tages verbringe ich damit, ohne Ablenkung auf hohem Niveau zu arbeiten. An Tagen, an denen ich Anrufe habe, beginne ich in der Regel um 10 Uhr morgens. Früher habe ich von zu Hause aus gearbeitet, aber seit der Geburt meiner Tochter finde ich, dass ein Büro außerhalb des Hauses mir mehr Ruhe und mehr Konzentration gibt.

Ich arbeite im Büro von 10 Uhr morgens bis etwa 16 Uhr nachmittags, je nach Tageszeit. Manchmal mache ich früher Schluss, vor allem freitags. Mein Zeitplan ist ziemlich flexibel geworden, was gut ist. Danach gehe ich nach Hause und verbringe den Abend mit meiner Familie. Es kann sein, dass ich später am Abend noch etwas zu Hause arbeite, wenn etwas dringend ist, aber meistens bin ich dann für den Tag fertig.

Letztendlich ist meine Familie das Wichtigste, und deshalb tue ich, was ich tue. Ich kann etwas bewirken und ein Vermächtnis für meine Lieben hinterlassen. Vor allem aber möchte ich präsent sein. Mein Zeitplan erlaubt es mir jetzt, mich darauf zu konzentrieren.

Ich beginne meinen Tag mit Sport, um sicherzustellen, dass er erledigt wird. Wenn sich der Tag entwickelt und sich die Arbeit stapelt, wird es leichter, die Bewegung beiseite zu schieben, also sorge ich dafür, dass sie zuerst stattfindet. Außerdem glaube ich, dass Bewegung und Gesundheit entscheidende Komponenten für den Erfolg sind.

Mein Unternehmen ist jetzt so weit, dass ich von fast überall aus arbeiten kann, deshalb reise ich mit meiner Familie viel öfter als früher. Wir waren schon in Japan, Mexiko, Kalifornien, Malta, Europa, Toronto und an vielen anderen Orten. Ich kann meine Arbeit an jedem dieser Orte erledigen.

In den ersten Tagen war das nicht so. Ich hatte nicht die gleichen Freiheiten. Denken Sie daran, wenn Sie neu anfangen. Vernachlässigen Sie nicht Ihre Gesundheit oder Ihre Familie, sondern arbeiten Sie hart, bleiben Sie konzentriert, und Sie werden schneller Fortschritte machen. Wenn Sie das tun, wird sich Ihr Zeitplan mit der Zeit öffnen und Ihnen viel mehr Flexibilität bieten.

Müssen Sie in der Anfangsphase Ihres Unternehmens zwölf Stunden am Tag arbeiten? Nein, definitiv nicht. Aber wenn Sie erfolgreich sein wollen, müssen Sie die harte Arbeit und die langen Arbeitszeiten auf sich nehmen, um Ihr Ziel zu erreichen. Später, wenn Sie auf Reisen sind und mehr Freizeit haben, werden Sie froh sein, dass Sie es getan haben.

WIE VIEL GELD KANN MAN ALS BERATER VERDIENEN?

Jetzt wissen Sie also, was man im Allgemeinen tun muss, um Berater zu werden. Wir werden in den nächsten Abschnitten des Buches auf die Einzelheiten eingehen. Was Sie wahrscheinlich am meisten interessiert, ist, wie viel Geld Sie verdienen können. Ist der Beruf des Beraters eine gute Einkommensquelle? Die Antwort ist ein klares Ja.

Wie ich bereits erwähnt habe, können Sie Stunden arbeiten, die viele Menschen als Teilzeitarbeit ansehen, und trotzdem 50.000 Dollar oder mehr im Jahr verdienen. Erfahrene Berater verlangen in der Regel mindestens 200 Dollar pro Stunde. Einige, mich eingeschlossen, verlangen über 10.000 Dollar pro Tag und verdienen mindestens 1 Million Dollar im Jahr.

Sie können diese Werte erreichen, indem Sie Ihr Geschäft, Ihre Preisgestaltung und Ihre Spezialisierung auf verschiedene Weise strukturieren. Ich werde alle diese Punkte und noch mehr in diesem Buch behandeln, aber erwarten Sie nicht, dass Sie diese Art von Geld nächste Woche oder nächsten Monat verdienen werden. Wenn Sie die Prinzipien, die ich Ihnen beibringen werde, in die Praxis umsetzen und daran arbeiten, Ihr Geschäft zu verbessern, werden Sie auf dem besten Weg sein, neue Erfolgsebenen zu erreichen und beständig mehr Geld zu verdienen.

CHECKLISTE: DIE WAHRHEIT ÜBER BERATUNG

☐ Ich verstehe die Herausforderungen, die mit der Tätigkeit eines Beraters verbunden sind.

☐ Ich habe herausgefunden, welche Fähigkeiten ich besonders gut beherrsche.

☐ Ich bin begeistert von der Freiheit und dem Einkommenspotenzial einer Beraterin, und ich weiß, dass ich in mein Unternehmen investieren muss, um in mich selbst zu investieren.

☐ Ich werde erfolgreich sein, aber es wird viel harte Arbeit erfordern; ich muss mich bemühen, weiter zu lernen.

LEKTION 2: AUFBAU EINES BERATUNGSUNTERNEHMENS

WELCHE AUSRÜSTUNG BRAUCHEN SIE, UM IHR BERATUNGSUNTERNEHMEN ZU GRÜNDEN?

Hinweis: Die Informationen in diesem Kapitel sind am nützlichsten, wenn Sie gerade erst anfangen oder in das Geschäft einsteigen. Wenn Sie die Grundlagen des Aufbaus Ihres Beratungsunternehmens bereits hinter sich haben, schlage ich vor, dass Sie mit dem nächsten Kapitel fortfahren, in dem wir uns mit fortgeschritteneren Konzepten, Techniken und Strategien befassen.

In vielen Fachzeitschriften und Büchern wird behauptet, dass man eine Menge aufwändiger Ausrüstung braucht, um ein professioneller Berater zu werden, aber der Einstieg in dieses Geschäft ist eigentlich ganz einfach. Sie brauchen ein Büro. Das kann ein Raum in Ihrem Haus sein, Ihr Schlafzimmer, was auch immer. Es spielt keine Rolle.

Sie brauchen ein Telefon mit Anrufbeantworter. Eine Standleitung, die nur für Sie und Ihr Unternehmen bestimmt ist, ist wichtig. Ein Anrufbeantworter ist wichtig, damit Kunden und potenzielle Kunden Ihnen Nachrichten hinterlassen können.

Tipp: Die meisten Voicemail-Nachrichten sind langweilig. Sie können sich von der Masse abheben, indem Sie Ihre Voicemail persönlicher und interessanter gestalten. Erzählen Sie ein wenig darüber, wie Sie "gerade einem Kunden mit _____ (was auch immer Sie tun) helfen". Wenn Sie es richtig anstellen, wird Ihre Voicemail zu einem Teil Ihres Marketingmaterials. Und je mehr Möglichkeiten Sie als Berater haben, sich abzuheben, desto besser.

Es ist hilfreich, eine Faxnummer zu haben, aber heutzutage scannen und mailen immer mehr Menschen ihre Dokumente, so dass dies nicht mehr so notwendig ist wie früher.

Sie brauchen eine Postanschrift. Heutzutage interessiert es die Kunden weniger, wo sich Ihr Büro befindet. Wenn es bei Ihnen zu Hause in einem Wohngebiet ist, ist das in Ordnung. Aber Sie müssen eine Adresse haben, die

Sie Ihren Kunden mitteilen können, damit diese Ihnen Unterlagen und vor allem Schecks schicken können!

Ein Computer und eine schnelle Internetverbindung sind eine Selbstverständlichkeit.

Das war's. Das ist alles, was Sie für den Anfang brauchen, also lassen Sie uns zur Strukturierung Ihres Unternehmens übergehen.

STRUKTURIERUNG IHRES UNTERNEHMENS

Jedes Land ist anders, aber ich werde auf die wichtigste Frage eingehen, die ich von Leuten höre, die Berater werden wollen: "Soll ich ein Unternehmen gründen?" Meine allgemeine Antwort lautet nein.

Haftungsausschluss: Dies ist keine Rechts- oder Finanzberatung, sondern nur meine Meinung aus persönlicher Erfahrung.

Sie sollten sie nur dann einbeziehen, wenn:

a) Sie haben ein hohes Einkommen. Mit "beträchtlich" meine ich, dass Sie etwas mehr Geld verdienen, als Sie zum Leben brauchen. Wenn Sie mehr verdienen, als Sie brauchen, ist es steuerlich günstiger, eine Gesellschaft zu gründen, weil Ihr Einkommen zu einem niedrigeren Satz besteuert wird, als wenn Sie ein Einzelunternehmen sind (oft als Einzelunternehmer bezeichnet).

b) Wenn Sie der Meinung sind, dass die Wahrscheinlichkeit groß ist, dass Ihr Unternehmen von Ihren Kunden verklagt werden könnte. Im Allgemeinen ist dies für Berater kein großes Problem, da Sie die Anzahl der Personen, mit denen Sie zusammenarbeiten, leicht begrenzen können. Nehmen wir jedoch an, Sie sind ein IT-Berater und nehmen umfangreiche Änderungen an der IT-Infrastruktur eines Kunden vor. Wenn etwas schief geht und der Kunde Sie verklagt, sind Sie in einer viel besseren Position, wenn Sie eine Aktiengesellschaft sind.

Die Gründung einer juristischen Person bietet Schutz vor persönlicher Haftung.

Wenn Sie eine Kapitalgesellschaft sind und verklagt werden, können nur Ihr Unternehmen und die dazugehörigen Vermögenswerte angegriffen werden. Ihr persönliches Vermögen, z. B. Ihr Haus und Ihre Investitionen, sind sicher. Wenn Sie nicht eingetragen sind und jemand Sie verklagt und gewinnt, kann Ihr gesamtes persönliches Vermögen an sich gerissen werden.

Andererseits kostet die Gründung eines Unternehmens mehr Geld als die Eintragung als Einzelunternehmen. Auch die Kosten für die Buchhaltung werden wesentlich höher sein. Es kommt also ganz darauf an, welche

Bedürfnisse Sie haben und welche Art von Beratungsunternehmen Sie betreiben wollen.

Am besten ist es, wenn Sie sich mit einem Steuerberater zusammensetzen und Ihre spezielle Situation besprechen, um die richtige Lösung zu finden.

EINSATZ EINES BUCHHALTERS

Wenn Sie keinen Steuerberater für Ihr Beratungsunternehmen beauftragen, machen Sie einen großen Fehler. Als ich in diesem Geschäft anfing, dachte ich, ich könnte meine Steuern selbst machen. Ich habe mich geirrt. Die Zusammenarbeit mit einem Steuerberater ist das Geld wert, das er verlangt. Er findet nicht nur Wege, Ihre Steuern zu senken, sondern hilft Ihnen auch bei allen Sorgen und Problemen, die mit Ihrem Geld und Ihren Steuern zu tun haben.

Buchhalter kennen in der Regel auch viele Anwälte, so dass sie Ihnen helfen können, wenn Sie eine Firma gründen oder rechtliche Probleme lösen müssen.

IHR GELD SICHER AUFBEWAHREN

Es lohnt sich, ein Bankkonto speziell für Ihr Beratungsunternehmen einzurichten. So können Sie Schecks mit Ihrem Firmennamen ausstellen und, was noch wichtiger ist, Zahlungen erhalten, die auf Ihren Firmennamen ausgestellt sind.

Das sieht professioneller aus, als wenn Sie alles unter Ihrem eigenen Namen führen. Es erweckt auch den Anschein, dass Ihr Unternehmen größer ist, als es tatsächlich ist.

Ein Geschäftskonto hilft auch bei der Überwachung Ihrer Finanzen. Die Einrichtung eines solchen Kontos dürfte, wenn überhaupt, nicht viel kosten und ist daher ein lohnender Schritt.

DAS WESENTLICHE ÜBER EIN BÜRO

Brauchen Sie wirklich ein Büro? Viele Menschen glauben, dass man ein eigenes, von zu Hause getrenntes Büro braucht, um als professioneller Berater wahrgenommen zu werden.

Früher war das der Fall, aber heute stimmt das einfach nicht mehr.

Sie sparen nicht nur Geld, wenn Sie von zu Hause aus arbeiten, sondern es ist auch bequemer und erspart Ihnen die Zeit des Pendelns.

Die meisten Kunden werden nicht zu Ihnen ins Büro kommen. Stattdessen werden Sie deren Büro besuchen. Daher macht es fast keinen Sinn, Geld für ein separates Büro auszugeben, wenn niemand es besuchen wird.

Allerdings gibt es auch einige wichtige Ausnahmen. Ich habe jahrelang von zu Hause aus gearbeitet, aber schließlich habe ich angefangen, ein Büro zu mieten. Der Wechsel erfolgte nach der Geburt meiner Tochter. Plötzlich brauchte ich einen ruhigen Raum zum Arbeiten. Wenn bei Ihnen zu Hause den ganzen Tag über viel Lärm und Hektik herrscht, sollten Sie vielleicht ein Büro im Freien in Betracht ziehen, damit Sie sich konzentrieren und produktiv sein können.

Manche Menschen können sich einfach nicht konzentrieren, wenn sie von zu Hause aus arbeiten. Wenn Sie sich leicht ablenken lassen oder eine klare Trennung zwischen Arbeit und Zuhause wünschen, könnte ein separates Büro für Sie von großem Nutzen sein.

Heutzutage bevorzugen viele Berater die Nutzung von Coworking-Spaces. Ein Coworking Space ist ein offener Bürobereich, der von mehreren unabhängigen Fachleuten gemeinsam genutzt wird. Für Menschen, die sonst isoliert arbeiten würden, bieten diese Orte ein Gefühl des gemeinsamen Zusammenseins. Außerdem sind sie in der Regel recht erschwinglich, und Sie können den Raum so oft nutzen, wie Sie wollen. Viele Coworking Spaces bieten Konferenzräume, die Sie für Kundentermine nutzen können.

Einige von ihnen bieten auch Dienstleistungen wie Faxgeräte, eine Postanschrift, Telefone und sogar eine Sekretärin an. Wenn Sie verschiedene externe Optionen in Erwägung ziehen, sollten Sie dies unbedingt in Betracht ziehen.

Denken Sie daran, dass Sie als unabhängiger Berater die Freiheit haben, fast überall zu arbeiten, solange Ihr Standort über Internet- und Telefonanschluss verfügt.

Wenn Sie auf einer tropischen Insel, auf einem Berggipfel oder in einer Hütte im Wald arbeiten wollen, können Sie das tun, solange Sie Ihr Telefon und Ihren Laptop anschließen können.

Finden Sie heraus, was für Sie und Ihr Unternehmen am besten geeignet ist. Sobald Sie sich für einen Arbeitsort entschieden haben, müssen Sie sich überlegen, wie Sie sich auf dem Markt abheben können.
Wir werden uns das als nächstes ansehen.

CHECKLISTE: GRÜNDEN IHRES BERATUNGSUNTERNEHMENS

□ Ich habe die notwendige Ausrüstung (oder werde sie bald erwerben).

□ Ich habe mein Unternehmen als Einzelunternehmen oder als Kapitalgesellschaft gegründet.

□ Ich habe mit einem Buchhalter gesprochen, um zu prüfen, welche Optionen am besten sind □ Ich habe ein separates Bankkonto für mein Unternehmen.

□ Ich habe den besten Standort für meine Arbeit gewählt.

LEKTION 3: DIE AUTORITÄT EINES SPEZIALISTEN

ALS SPEZIALIST BEGINNEN, NICHT ALS GENERALIST

Fragen Sie sich, was Sie deutlich besser können als die meisten Menschen. Was ist Ihr Fachgebiet? Wozu bitten die Leute Sie um Rat und Meinung? Was auch immer das ist, das ist der Bereich der Beratung, in dem Sie tätig sein sollten.

Inzwischen haben Sie sich wahrscheinlich entschieden, was für eine Art von Berater Sie werden wollen, also werden wir nicht viel Zeit darauf verwenden. Ich möchte nur darauf hinweisen, dass Sie sich für den Bereich der Beratung, den Sie wählen, begeistern sollten.

Noch wichtiger ist jedoch die Frage der Spezialisierung. Wenn man mich fragt, was ich mache, kann ich sagen: "Ich bin Marketingberater." Das ist richtig. Aber wie viele Leute kennen Sie im Marketing? Ziemlich viele, würde ich schätzen.

Das Problem bei einem allgemeinen Ansatz ist, dass man in der Masse untergeht. Es gibt nichts, was Sie aus der Masse heraushebt. Das macht es für potenzielle Kunden schwieriger, Sie einzustellen.

Ein besserer Ansatz ist es, sich zu spezialisieren. Ich habe mich zum Beispiel darauf spezialisiert, mit Beratern zusammenzuarbeiten und ihnen dabei zu helfen, Marketingsysteme zu entwickeln, die ihre idealen Kunden anziehen, ihre Honorare erhöhen und mehr Angebote einholen.

EIN MYTHOS ÜBER DEN FOKUS

Viele Berater fürchten sich davor, sich als Spezialisten zu positionieren und sich auf ein bestimmtes Fachgebiet zu konzentrieren. Sie glauben, dass sie damit viele Kunden vergraulen würden. Vielleicht haben Sie die gleiche Sorge.

Was ich Ihnen sagen kann, ist, dass die Spezialisierung und Fokussierung Ihrer Dienstleistungen ohne Zweifel der richtige Weg ist. Kunden wollen jemanden beauftragen, wenn sie einen bestimmten Bedarf haben, und wenn Sie sich so positionieren können, dass Sie diesen Bedarf mit Ihrer Spezialisierung erfüllen, ist es wahrscheinlicher, dass Sie den Auftrag bekommen.

Wählen Sie einen Bereich, auf den Sie sich spezialisieren können, und stellen Sie diesen in den Mittelpunkt Ihrer Bemühungen. Ihre Website und Ihre Marketingmaterialien, sogar Ihr Elevator Pitch (dazu später mehr), sollten Ihr Spezialgebiet vermitteln.

Sobald Sie anfangen, sich zu konzentrieren, werden Sie feststellen, dass sich potenzielle Kunden für Ihr Fachgebiet interessieren und nicht für Ihre allgemeinen Fähigkeiten.

Denken Sie an einen Hochzeitsfotografen. Viele Hochzeitsfotografen verdienen ein erstaunliches Einkommen. Sie verlangen 5.000 Dollar oder mehr für ein paar Tage Arbeit. Wenn derselbe Fotograf sich als allgemeiner Fotograf vermarktet, der auch Hochzeiten fotografiert, wird er nicht annähernd so viel Arbeit bekommen. Niemand will einen Generalisten, wenn er ein bestimmtes Ziel vor Augen hat.

Zwei gängige Möglichkeiten, sich zu spezialisieren, sind auf Systeme und Prozesse, die Sie entwickelt haben, oder auf eine bestimmte Branche.

Sie können das System und die Prozesse, die Sie entwickelt haben und die sich in einer Branche bewährt haben, verpacken und dann in eine andere Branche übertragen.

Nehmen wir an, Sie arbeiten mit Autohäusern zusammen. Sie würden das System, das Sie für Ihre Autohändler-Kunden entwickelt haben, zum Beispiel auf das Gaststättengewerbe übertragen und es dort anwenden.

Der weit verbreitete Mythos lautet: "Das mag in einer Branche funktionieren, aber nicht in einer anderen!"

Nichts könnte weiter von der Wahrheit entfernt sein. Die meisten Branchen wenden nur die Strategien und Grundsätze an, die alle anderen in ihrer Branche auch anwenden. Wenn Sie andere Strategien einführen, führen diese oft zu bedeutenden Ergebnissen, weil sie sich so sehr von dem unterscheiden, was alle anderen in der Branche tun.

Ich hielt einmal eine Präsentation in der Zentrale eines großen Pharmaunternehmens. Der Präsident stellte mich vor und erzählte allen, warum er mich geholt hatte, um dem Unternehmen zu helfen.

Ich wollte gerade mit meiner Präsentation beginnen, als einer der Manager fragte: "Hey, haben Sie Erfahrung in unserer Branche?"

Damals wusste ich das noch nicht. Ich hatte mit Unternehmen in über einundzwanzig Branchen gearbeitet, aber nicht in der Pharmaindustrie.

Ich sah dem Manager in die Augen und antwortete: "Nein, das tue ich nicht. Aber genau deshalb brauchen Sie mich. Ich bringe eine neue Perspektive ein, und deshalb hat Joe (der Präsident) mich gebeten, heute hier bei Ihnen zu sein.".

Offensichtlich funktionierte der Status quo für dieses Unternehmen nicht. Sonst hätten sie mich nicht eingestellt.

Halten Sie immer Ausschau nach erfolgreichen Kampagnen in anderen Branchen, die Sie Ihren Kunden anbieten können. Meistens ist es so, dass niemand außerhalb dieser speziellen Branche etwas Ähnliches macht, so dass es zu spektakulären Ergebnissen führen kann, wenn man es in eine andere Branche bringt.

Eine andere Möglichkeit besteht darin, Ihre ganze Energie in eine Branche zu stecken. Wenn Sie Zahnärzten bei ihrem Marketing und ihrer Patientenkommunikation helfen, können Sie sich dafür entscheiden, als "Marketingguru für Zahnärzte" bekannt zu werden. Auf diese Weise können Sie Ihre Fähigkeiten in einem bestimmten Bereich verfeinern und sich einen Namen in dieser Branche machen.

Das bedeutet nicht, dass Sie das tun sollten, was alle anderen in dieser Branche bereits tun. Vielmehr sollten Sie ein System bewährter Praktiken aus vielen Branchen entwickeln und diese mit Ihren Kunden in deren Branche anwenden, um ihnen zu helfen, bedeutende Ergebnisse zu erzielen.

Nur weil Sie sich auf ein Fachgebiet konzentrieren, heißt das nicht, dass Sie Ihren Kunden nicht auch in anderen Bereichen helfen können.

Ich helfe meinen Kunden routinemäßig bei Projekten zur Lead-Generierung, aber oft bitten sie auch um Unterstützung bei der Gestaltung von Webseiten, Broschüren und anderen Marketingmaterialien, bei denen mein Team helfen kann.

Meine Situation ist nichts Besonderes. So funktioniert es im Allgemeinen, und der Grund dafür ist ganz einfach.

Sobald ein Kunde sieht, dass Sie ihm helfen können, wird er Ihnen immer mehr Aufträge erteilen wollen, weil er sich bei Ihnen wohl fühlt und Ihnen vertraut.

Wählen Sie also Ihren Schwerpunkt, kommunizieren Sie ihn, und beobachten Sie, wie die Magie beginnt.

DIE LUKRATIVSTEN BEREICHE DER BERATUNG

Wie Sie sicher wissen, gibt es alle möglichen Arten von Beratern da draußen. Man kann in fast jedem Bereich der Beratung ein sehr gutes Geld verdienen.

Wenn Sie eine bestimmte Art von Berater werden, weil Sie glauben, dass dies ein größeres Einkommenspotenzial hat, ist das ein schlechter Schritt. Sie werden höchstwahrscheinlich feststellen, dass Sie unglücklich sind, weil Sie die Arbeit nicht so leidenschaftlich ausüben. Um ein erfolgreicher Berater zu werden, muss man sich ständig weiterbilden und schulen. Sie sollten sich also nicht mit etwas beschäftigen, das Sie langweilt.

Es gibt jedoch einige Punkte, die Sie beachten müssen, um die lukrativsten Möglichkeiten zu finden.

1. KÖNNEN SIE ERGEBNISSE VORWEISEN?

Wenn das Produkt, das Sie liefern, nicht sichtbar ist und nicht in der einen oder anderen Form gemessen werden kann, sind Sie nicht in einem lukrativen Geschäft.

Die Kunden wollen Ergebnisse sehen. Sie müssen rechtfertigen, dass sie Sie bezahlen, und wenn sie keine Verbesserungen sehen können, haben sie keinen Grund, das Geld auszugeben. Achten Sie darauf, dass Sie bei allem, was Sie für Ihre Kunden tun, ein klares Ziel festgelegt haben, das sowohl für Sie als auch für das Unternehmen des Kunden von Bedeutung ist.

Das können höhere Umsätze, mehr Leads, geringere Kosten, höhere Zufriedenheitsquoten oder eine höhere Produktionsgeschwindigkeit sein - Sie verstehen, worum es geht.

Vergewissern Sie sich, dass die von Ihnen geleistete Arbeit mit Ergebnissen verknüpft werden kann. Dies ist bei weitem die wichtigste Waffe im Arsenal eines Beraters.

Wenn es hart auf hart kommt, wird der Berater, der Ergebnisse vorweisen kann, immer neue Projekte an Land ziehen und bestehende Projekte länger behalten als jemand, der das nicht kann.

Sie müssen kein Zauberer sein. Es ist nicht nötig, mit Ihren Ergebnissen Berge zu versetzen, und Ihre Kunden erwarten das auch nicht von Ihnen.

Tipp: Legen Sie mit Ihren Kunden klare und konsistente Ziele fest. Stellen Sie sicher, dass sie den Wert des vereinbarten Ziels erkennen. Setzen Sie sich außerdem ein Ziel, von dem Sie überzeugt sind, dass Sie es erreichen können. Wenn Sie etwas versprechen, was Sie nicht halten können, können Sie sich schnell einen schlechten Ruf erwerben und die Zusammenarbeit mit diesem Kunden beenden.

Gegen schrittweise Verbesserungen ist nichts einzuwenden, solange Sie und Ihr Kunde dies vereinbart haben.

2. DIE ARBEIT AM LAUFEN HALTEN

Jetzt, da Sie Ihren Kunden Ergebnisse vorweisen können, haben diese einen Anreiz, Sie weiterhin zu bezahlen und Ihnen mehr Arbeit zu geben.

Aber wenn Sie Ihre Arbeit so strukturieren, dass sie ein einmaliges Projekt ist, haben Sie einen großen Fehler gemacht. Das ist nicht das Ende der Welt, aber Sie müssen die Situation korrigieren.

Um das Beratungsgeschäft lukrativ zu machen, müssen Sie sicherstellen, dass Sie Ihren Kunden einen klaren Weg aufzeigen, wie Sie ihnen kontinuierlich helfen können, ihr Geschäft zu verbessern und Ergebnisse zu erzielen. Auf diese Weise werden Ihre Kunden viel wertvoller für Sie. Statt eines Projekts im Wert von 3.000 Dollar sind sie für Sie 36.000 Dollar wert, wenn Sie über das Jahr hinweg mit ihnen zusammenarbeiten.

Ihr Plan sollte Ihren Gesamtprozess aufzeigen, und wie Sie, wenn Sie A für den Kunden erfolgreich erledigt haben, anschließend an B und dann an C arbeiten können.

Machen Sie sich keine Gedanken darüber, ob Sie sich strikt an diesen Plan halten müssen. Nichts verläuft geradlinig. Das Geschäft eines jeden Kunden ändert sich, seine Prioritäten ändern sich, aber solange Sie gute Arbeit leisten, wird er Sie immer wieder um Hilfe bitten.

3. IHR PLATZ AUF DEM MARKT

Ein lukratives Beratungsgeschäft braucht einen hungrigen Markt. Selbst wenn Sie die besten Ergebnisse erzielen, wenn es nicht viele Menschen gibt, die das, was Sie anbieten, nachfragen, werden Sie nicht viel haben, um weiterzumachen.

Heutzutage ist das Nischengeschäft in aller Munde. Vielleicht werden Sie eine Lücke in einem solchen Bereich füllen. Unabhängig davon, ob der Markt von anderen als groß oder klein angesehen wird, müssen Sie sicherstellen, dass es genügend Geschäfte gibt, um ihn für Sie lukrativ zu machen.

Ein weiterer Aspekt, den Sie berücksichtigen müssen, ist die Schwere des Bedarfs, den Sie decken werden. Je schwieriger ein Kunde Ihre Arbeit einschätzt, desto mehr wird er im Allgemeinen bereit sein zu zahlen, was das Projekt lukrativer macht.

Schauen Sie sich gut um, um herauszufinden, welche Art von Bedarf für die von Ihnen angebotenen Dienstleistungen besteht. Wenn es in diesem Gebiet viele andere Berater oder Unternehmen gibt, die die von Ihnen angebotenen Dienstleistungen anbieten, bedeutet dies im Allgemeinen, dass der Markt viele Möglichkeiten bietet - Wettbewerb ist eine gute Sache.

Selbst in einem überfüllten Markt findet ein geschickter Berater einen Weg, sich abzuheben und ein gefragter Berater zu werden.

HERAUSRAGENDE STELLUNG AUF DEM MARKT

Vielleicht ist Ihnen die 80/20-Regel bekannt. Sie heißt eigentlich Paretoprinzip. In diesem Fall besagt das Prinzip, dass 20 Prozent der Berater in einem bestimmten Markt 80 Prozent des Geschäfts generieren werden.

Das bedeutet, dass die anderen 80 Prozent sich um die verbleibenden 20 Prozent streiten.

Dieser Grundsatz gilt auch hier. Schauen Sie sich Immobilienmakler an. Die besten 20 Prozent haben einen weit höheren Umsatz und ein höheres Einkommen als andere in ihrem Markt.

Wie können Sie zu den besten 20 Prozent der Berater gehören? Erstens müssen Sie auffallen. Wenn niemand Sie finden kann, werden Sie keine nennenswerten Aufträge erhalten.

Sich abheben kann viele Formen annehmen:

1. VERMARKTEN SIE SICH SELBST, DAMIT MAN SIE FINDEN KANN

Sie können Netzwerke knüpfen, gezielte Anzeigen im Internet und in Fachzeitschriften schalten, Artikel schreiben und vieles mehr. Die Vermarktung Ihrer Dienstleistungen ist ein entscheidender Aspekt des Geschäfts eines jeden Beraters.

Eine gute Möglichkeit, Ihren Namen bekannt zu machen und Ihr Fachwissen unter Beweis zu stellen, ist die Beantwortung von Fragen - und zwar kostenlos!

Als Teil Ihrer gesamten Marketingstrategie ist es Ihre Zeit wert, die Fragen anderer zu beantworten. Die sozialen Medien bieten Ihnen effektive Möglichkeiten, Ihr Fachwissen zu vermitteln.

Haben Sie schon einmal von Gary Vaynerchuk gehört? Sie wissen schon, der "Crush It"-Mann? Gary Vaynerchuk ist ein Vordenker im Bereich Marketing und hat seine Website Wine Library TV aufgebaut (die wiederum dazu beigetragen hat, dass der Weinladen seiner Familie Wein im Wert von

Millionen von Dollar verkauft hat), indem er sich einen Namen gemacht hat, indem er die Fragen der Leute beantwortet hat.

Gary besuchte die Weinforen und jede relevante Website, die er finden konnte. Er beantwortete die Fragen der Leute und kommentierte sie ausführlich und durchdacht.

Raten Sie mal, was passiert ist? Die Leute wurden auf ihn aufmerksam. Sie sahen, dass er wusste, wovon er sprach, und sie wollten mehr wissen.

Er machte sich glaubwürdig, wurde zu einer Autorität und machte sich einen Namen. Sie können dies auch für Ihr Unternehmen nutzen.

Treten Sie zum Beispiel einer LinkedIn- oder Facebook-Gruppe bei und tauschen Sie sich mit anderen Fachleuten aus. Machen Sie sich einen Namen.

Sie sollten sich jedoch nicht einfach in Gespräche einmischen, um für Ihre Dienste zu werben. Je mehr Nutzen Sie bieten, desto mehr wird man auf Sie aufmerksam werden. Fügen Sie Ihren Namen, Ihren Firmennamen und Ihre Website-Adresse am Ende jeder Antwort hinzu, damit die Leute Sie erkennen können.

Sie können dies auf Foren, LinkedIn, Blogs und anderen Websites tun. Es ist gut für das Marketing, die Markenbildung, den Aufbau von Glaubwürdigkeit und bietet SEO-Vorteile.

2. MACHEN SIE EINEN IMPACT

Ist Ihnen schon einmal aufgefallen, dass die Menschen mit den wildesten Persönlichkeiten, die Dinge tun, über die in den Nachrichten gesprochen wird, diejenigen sind, die am meisten auffallen?

Ich schlage nicht vor, dass Sie auf die Straße gehen und einen Stunt machen, um die Aufmerksamkeit der Leute zu erregen, obwohl das eine Idee ist.

Sie müssen einen Weg finden, um sich von allen anderen Beratern in Ihrer Branche zu unterscheiden.

Es gibt mehrere Möglichkeiten, dies zu tun:

Ihr Branding . Ihr Name, Ihr Design und Ihr Image können Sie auf dem Markt hervorheben. Viele Unternehmen haben das Branding erfolgreich zu ihrem Vorteil genutzt. Sie können das Gleiche tun.

Ihr Preis. Sie können viel weniger verlangen als Ihre Konkurrenz, obwohl ich das nicht empfehle. Oder Sie verlangen viel mehr, solange Sie einen Mehrwert bieten und die Leute bereit sind, dafür zu zahlen.

Ihre Garantie. Es zeugt von Vertrauen in Ihre Dienstleistungen, wenn Sie Ihren Kunden eine Garantie anbieten. Ich zum Beispiel garantiere meinen Kunden, dass sie die vereinbarten Ergebnisse sehen werden, und wenn sie nicht zufrieden sind, werde ich kostenlos weiter mit ihnen arbeiten, bis die Ergebnisse erreicht sind. Nicht viele Menschen sind zu so etwas bereit. Wenn Sie es sind, werden Sie sofort das Interesse potenzieller Kunden wecken.

Professionelle Kommunikation. Seien Sie professionell. Es ist erstaunlich, wie viele Berater sich selbst als professionell bezeichnen, aber ihre Kunden nicht pünktlich zurückrufen oder ihre Versprechen nicht einhalten. Wenn Sie sofort aktiv werden, kommunizieren und sich wie ein echter Profi verhalten, werden die Leute das bemerken. Das schafft Vertrauen bei Ihren Kunden. Wenn Sie verlässlich sind und Ergebnisse liefern, werden Ihre Kunden kaum einen Grund haben, sich an jemand anderen zu wenden.

3. SIE LEICHT ZU ERREICHEN SIND

Wenn ein potenzieller Kunde Ihre Dienste benötigt, wird er versuchen, Sie entweder per E-Mail oder telefonisch zu kontaktieren. Wenn Sie nicht sofort antworten oder es ihnen schwer machen, mit Ihnen in Kontakt zu treten, können Sie sich von ihrem Geschäft verabschieden.

Unternehmer haben weder die Zeit noch die Geduld, wiederholt zu versuchen, einen Berater zu kontaktieren. Wenn Sie es ihnen nicht leicht machen, werden sie sich einen anderen suchen.

4. AUSGEZEICHNET SEIN

Die Vermarktung Ihrer Dienstleistungen, Ihr Auftreten und Ihre Erreichbarkeit sind großartige Möglichkeiten, sich von der Masse abzuheben, aber sie sind Teil eines größeren Ganzen, das Sie von Ihren Mitbewerbern abheben kann: Exzellenz.

Der Service in den meisten Restaurants ist durchschnittlich. Wenn man also ein Lokal betritt und von der besonderen Sorgfalt und Aufmerksamkeit überwältigt wird, wenn die Einrichtung fantastisch aussieht, das Essen großartig ist und das Personal superfreundlich ist, dann fällt das auf. Hervorragende Leistungen hinterlassen einen Eindruck. Man kann es nicht ignorieren.

Wenn man durchschnittlich oder sogar gut ist, wird man vielleicht ab und zu erwähnt, aber wenn man in dem, was man tut, exzellent ist, hört man nicht auf, über einen zu reden.

Wie gut sind Sie in dem, was Sie tun?

Hervorragend zu sein bedeutet nicht, der Beste zu sein - es geht darum, besser zu sein als die meisten anderen um einen herum. Die meisten Menschen wissen, dass sie es besser machen könnten. Sie könnten ihre Fähigkeiten verbessern, neue Strategien erlernen, ihr eigenes Geld in neue Produkte und Tests investieren, doch die meisten tun dies nicht.

Zum Erlernen neuer Strategien gehört auch, dass man offen dafür ist, von anderen Branchen als der eigenen zu lernen. Zu viele Unternehmen konzentrieren sich so sehr auf ihre Branche, dass sie den Ozean an Möglichkeiten, der sie jeden Tag umgibt, nicht sehen.

Kann eine von Immobilienmaklern angewandte Marketingstrategie Ihrem Beratungsunternehmen helfen? Auf jeden Fall. Was ist mit der Direktwerbung eines Möbelherstellers, die Sie immer wieder erhalten? Oder mit dem Kundenbindungsprogramm, für das Sie sich gerade in Ihrem örtlichen Buchladen angemeldet haben? Glauben Sie, dass Sie von diesen Strategien lernen und sie in Ihrem Unternehmen anwenden können?

Sind die Bücher und Zeitschriften, die Sie lesen, nur über Ihre eigene Branche? Wenn Sie im Marketing tätig sind, lesen Sie dann nur Marketing-Bücher? Erweitern Sie Ihren Horizont. Fangen Sie an, über Psychologie, Verkauf und Produktivität zu lesen, und Sie werden schnell neue Ideen und Konzepte entdecken, von denen Sie profitieren und Geld verdienen können.

Diese Lektion sollten Sie auch auf Ihre Beratungskunden anwenden. Halten Sie immer Ausschau nach erfolgreichen Kampagnen in anderen Branchen, die Sie Ihren Kunden nahebringen können.

Hervorragende Leistungen erfordern Taten. Wenn ich sage "handeln", meine ich nicht, dass Sie einen Artikel schreiben, Ihre Website in Ordnung bringen, eine Anzeige schalten oder ein Beratungsangebot verfassen. All das ist wichtig, aber es ist das, was ich "Aufbauen" nenne.

Mit "aktiv werden" meine ich, dass Sie den Hörer in die Hand nehmen und Termine mit potenziellen Kunden vereinbaren. Verlassen Sie Ihr Büro und treffen Sie sich mit potenziellen Kunden. Geld für tatsächliches Marketing und Werbung ausgeben.

Berater und Unternehmer tun alles, um diese Dinge hinauszuzögern, auch wenn sie wissen, dass sie sie tun müssen. Viele Menschen empfinden sie als unangenehm. Sie mögen es nicht, Leute aus heiterem Himmel anzurufen. Oder um Treffen zu bitten. Oder ihr Geld auszugeben. Aber genau das unterscheidet die erfolgreichen Menschen von denen, die nur über Erfolg reden.

Wollen Sie exzellent sein? Nehmen Sie jetzt ein Blatt Papier zur Hand und schreiben Sie all die Dinge auf, von denen Sie wissen, dass Sie sie für Ihr Unternehmen tun sollten, die Sie aber aus dem einen oder anderen Grund immer wieder aufschieben.

Sobald Sie diese Liste haben, tun Sie jeden Tag oder ein paar Mal pro Woche eine dieser Aufgaben. Denken Sie nicht darüber nach - tun Sie es einfach! Die Ergebnisse werden Sie verblüffen.

Erweitern Sie Ihre Horizonte. Wenn Sie exzellent sind, gehen Sie über das hinaus, was die meisten anderen zu wagen wagen.

Schauen Sie sich Ihr Unternehmen und sich selbst genau an. Seien Sie ehrlich. Denken Sie darüber nach, wie Sie Ihre Kunden betreuen, welche Ergebnisse Sie erzielen und welche Fähigkeiten Sie im Vergleich zu anderen in Ihrem Markt haben. Sind Sie nur durchschnittlich, gut oder ausgezeichnet in dem, was Sie tun?

Hervorragende Leistungen werden nicht über Nacht erreicht. Aber wenn Sie sich dazu verpflichten, es zu erreichen, werden Sie es bald schaffen. Und wenn es soweit ist, wird sich Ihre harte Arbeit auszahlen.

CHECKLISTE: SPEZIALIST WERDEN

☐ Ich werde mich auf den Beratungsbereich von _____
spezialisieren.

Ich kann nachweisen, dass ich für meine Kunden Ergebnisse erziele.

☐ Es gibt einen Markt für meine Dienstleistungen.

☐ Ich werde meine Beratungsprojekte so strukturieren, dass ich
kontinuierlich arbeiten kann.

☐ Ich habe einen Plan, wie ich mich auf dem Markt abheben will.

☐ Potenzielle Kunden können leicht mit mir Kontakt aufnehmen.

Ich ☐ weiß, was man braucht, um exzellent zu sein, und habe einen Plan,
um dies zu erreichen.

LEKTION 4: MARKENBILDUNG UND IHR BERATUNGSUNTERNEHMEN

WAS STECKT WIRKLICH IN EINEM NAMEN?

Die Entscheidung, wie Sie Ihr Beratungsunternehmen nennen sollen, ist immer eine Herausforderung. Für manche ist es am einfachsten, ihren eigenen Namen zu verwenden, wie Thomson Consulting. Das Problem bei dieser Wahl ist, dass sie langweilig klingen kann.

Solange Ihr Name jedoch leicht zu buchstabieren und auszusprechen ist, wird dies auch für Ihren Unternehmensnamen gelten. Wenn Sie Ihr Unternehmen so strukturieren, dass *Sie* die Marke sind, dass ein Käufer sich an Sie wendet, weil er Sie als Experten sieht, dann ist es sinnvoll, Ihren Namen als Unternehmensnamen zu verwenden.

Wenn Ihre Pläne und Ziele darin bestehen, ein Unternehmen zu gründen, das viel größer ist als Sie selbst und zu dem noch viele andere Berater oder Mitarbeiter gehören werden, ist es sinnvoll, einen Namen zu wählen, der viel mehr über Ihre Tätigkeit als Beratungsunternehmen aussagt. Wenn Sie planen, das Unternehmen zu vergrößern und später zu verkaufen, ist es nicht sinnvoll, den Namen direkt mit Ihrem persönlichen Namen zu verbinden.

Andere verwenden Akronyme, die aber oft nichtssagend sind und von denen niemand weiß, wie man sie nennen soll. Sie gehen oft inmitten all der anderen Akronyme verloren. Wollen Sie wirklich ein weiteres ABC Consulting oder XYZ Marketing sein?

Eine andere Möglichkeit ist, einen beschreibenden Namen zu wählen, der die Art Ihres Unternehmens verrät. Wenn Sie diesen Weg wählen, achten Sie darauf, dass der Name nicht langweilig ist.

Manche Unternehmen erfinden einfach Wörter, um sie als Firmennamen zu verwenden, wie Snapple oder Google. Die Stärke dieser Namen liegt in ihrer Einzigartigkeit, obwohl sie eigentlich keine besondere Botschaft vermitteln.

Der beliebteste Weg ist die Verwendung eines erlebnisorientierten Namens, wie Explorer oder Navigator. Diese Namen sind für die Verbraucher sinnvoll, da sie ein bestimmtes Erlebnis vermitteln. Achten Sie nur darauf, dass Ihr Name hervorsticht.

Eine letzte Möglichkeit besteht darin, einen aussagekräftigen Namen zu wählen. Diese sind manchmal etwas ungewöhnlich, aber das ist beabsichtigt. Sie haben eine grundlegende Positionierung, die Aufmerksamkeit erregen soll. Beispiele hierfür sind Yahoo, Apple und Virgin.

Es gibt keine zweite Chance, einen guten ersten Eindruck zu hinterlassen, und das gilt auch für Unternehmensnamen. Sie wollen sichergehen, dass potenzielle Kunden Sie leicht finden können, daher können absichtliche Rechtschreibfehler oder seltsame Satzzeichen im Namen (z. B. delicio.us) die Leute abschrecken.

Dies gilt insbesondere, wenn Sie gerade erst anfangen und die Menschen mit Ihren Dienstleistungen noch nicht vertraut sind. Überlegen Sie, wie die Kunden den Namen aussprechen werden. Wird er verwirrend klingen? Hebt er Sie von allen anderen Beratern in Ihrem Bereich ab?

Für welchen Weg Sie sich auch entscheiden, denken Sie daran, dass ein wirksamer Name mit einer Marke verbunden ist. Die meisten Menschen kaufen nicht bei einem Unternehmen namens ABC oder bei einem Unternehmen namens Tesla oder Heinz oder General Electric, weil sie denken, dass es ein cooler Name ist. Sie treffen ihre Kaufentscheidung auf der Grundlage der Marke, die hinter dem Namen steht.

DESIGN ZU IHREM VORTEIL NUTZEN

Manche Berater glauben, dass sie eine aufwändig gestaltete Website und Marketingmaterialien benötigen. Oft werden sie von Designern zu diesem Schluss gedrängt, die wenig oder gar keine Erfahrung in der Beratungsbranche haben.

Als jemand, der früher mehrere Jahre lang eine Branding- und Designfirma besaß und jetzt ein Beratungsunternehmen betreibt, möchte ich mit den Mythen aufräumen und Ihnen einen Teller mit der Wahrheit servieren.

Design ist äußerst wirkungsvoll. Es kann dazu beitragen, einen starken ersten Eindruck zu vermitteln, der entscheidend ist.

Aber das Design allein wird Ihnen keinen Auftrag bringen. Eine schön gestaltete Broschüre wandert in den Papierkorb, wenn sie nicht über einen überzeugenden Text und einen Nachweis verfügt, der die Aufmerksamkeit des Lesers erregt.

Bei vielen Gelegenheiten habe ich Projekte im Wert von über 100.000 Dollar gewonnen, ohne dass ich eine ausgefallene Broschüre oder teure Visitenkarten hatte.

Designer werden auf der Grundlage ihrer Designfähigkeiten ausgewählt. Sie wären ein Narr, wenn Sie mit einem Designer zusammenarbeiten würden, der eine unprofessionell aussehende Website oder ein Portfolio hat.

Die Berater hingegen werden auf der Grundlage ihrer Ergebnisse ausgewählt.

EINFACHE MARKETINGMATERIALIEN

Lassen Sie mich Ihnen ein Beispiel für die Marketingmaterialien geben, die ich seit vielen Jahren erfolgreich verwende.

1. WEBSITE

Eine einfache Website, die meinen Zielkunden direkt anspricht. Ich vermeide das "wir" zugunsten des "Sie" und spreche die Kunden direkt an. Auf meiner Website sind die Dienstleistungen, die ich anbiete, und die Vorteile, die meine Kunden und potenziellen Kunden daraus ziehen, klar dargestellt. Ich führe auf, wer meine Kunden sind, was ein großer Glaubwürdigkeitsfaktor ist, und biete seitenweise Zeugnisse von zufriedenen Kunden. Und das war's. Keine bewegten Grafiken. Keine auffälligen Bilder. Es ist einfach, kommt auf den Punkt und sieht professionell aus.

Wird meine Website einen Kreativpreis gewinnen? Keine Chance. Aber wird sie Geschäfte machen? Darauf können Sie wetten!

2. GESCHÄFTSKARTE

Eine Visitenkarte ist eines der besten Mittel, um einen ersten Eindruck zu hinterlassen. Dabei müssen Sie nicht viel Geld für ausgefallene Farben und Grafiken ausgeben. Ich verwende seit Jahren eine schwarz-weiße, doppelseitige Visitenkarte. Sie funktioniert. Auf ihr sind alle meine Kontaktinformationen übersichtlich dargestellt, und sie enthält eine sehr direkte Botschaft, die meiner Zielgruppe sagt, was ich für sie tun kann. Auch hier gilt: Sie ist sehr einfach, billig zu drucken und funktioniert wie ein Zauber.

3. BROSCHÜRE

Ich habe keine offizielle Broschüre. Ich habe mir nie die Mühe gemacht, eine zu erstellen. Stattdessen habe ich einen zweiseitigen Ausdruck, den ich auf meinem Schwarzweiß-Laserdrucker erstelle. Darin erkläre ich, was ich tue, wie ich Unternehmen helfe, und es sind viele Erfahrungsberichte enthalten. Außerdem enthält er meine Kontaktinformationen. Meiner Meinung nach ist dies ein viel klügerer Ansatz, als für den Druck einer teuren Broschüre zu bezahlen, denn so kann man die Informationen jederzeit aktualisieren und bei jedem Kundengespräch die erforderlichen Anpassungen vornehmen.

Das war's. Der Punkt ist, dass Sie sich am Anfang keine Gedanken über die Erstellung ausgefallener Marketingmaterialien machen sollten.

Wenn es sich bei Ihren Zielkunden um Fortune-500-Unternehmen handelt, müssen Sie vielleicht formellere Materialien erstellen, aber ich habe mit Milliarden-Dollar-Unternehmen zusammengearbeitet, die solche Materialien nicht benötigten, um ihr Geschäft zu gewinnen.

Im Grunde genommen geht es den Kunden nur um Ergebnisse. Ihr Ruf beruht auf den Ergebnissen, die Sie erzielen. Schon bald werden Sie einen großen Teil Ihres Geschäfts durch Empfehlungen generieren. Wenn das passiert, brauchen Sie sicherlich keine ausgefallenen Materialien, um neue Kunden zu gewinnen.

SCHLANK BLEIBEN

Es ist am besten, wenn Sie Ihr Beratungsunternehmen so schlank wie möglich halten. Geben Sie kein Geld aus, wenn Sie es nicht müssen, und schon gar nicht für Dinge, die Ihnen nicht helfen, Ihr Geschäft aufzubauen.

Ich will damit nicht sagen, dass professionelles Design Geldverschwendung ist. Im Gegenteil, es kann ein starkes Unterscheidungsmerkmal sein. Was ich klarstellen möchte, ist, dass es in der Regel unnötig ist, Hunderte oder Tausende von Dollar für ausgefallene Materialien auszugeben, wenn man gerade erst anfängt.

Es ist klüger, frühzeitig funktionale Materialien zu erstellen, und später, wenn Sie mehr Geld einnehmen, können Sie mehr Geld ausgeben, um Ihr professionelles Image zu verbessern.

DESIGN-RESSOURCEN, DIE IHNEN ZEIT UND GELD SPAREN

Da Sie nun wissen, was Design für Sie tun kann und was nicht, möchten wir Ihnen einige großartige Online-Design-Ressourcen vorstellen, die den Designprozess so einfach und kostengünstig wie möglich gestalten.

Auf mehreren Websites können Sie zum Beispiel angeben, was Sie suchen, sei es ein Logo, eine Visitenkarte, eine Website oder etwas anderes. Sie legen Ihr Budget fest, und innerhalb von ein oder zwei Tagen sehen Sie Entwürfe, die von vielen Designern für Sie angefertigt wurden. Es ist nicht ungewöhnlich, dass man fünfzig Designoptionen erhält. Das Schöne an diesem Service ist, dass Sie nur die Entwürfe auswählen, die Ihnen gefallen, und dass Sie Überarbeitungen anfordern können. Sie zahlen nur für das Design, das Sie verwenden möchten.

Ein paar Dienste, die Sie sich vielleicht ansehen sollten, sind: 99Designs, CrowdSpring und Ink'd.

Es gibt keinen besseren Weg, um professionelles Design zu niedrigen Kosten und mit kurzen Bearbeitungszeiten zu erhalten, als mit Diensten wie diesen.

Wenn es darum geht, eine Website zu erstellen, die Kunden anlockt, ist es wichtig, sie für den Benutzer zu gestalten. Machen Sie die Informationen, die Sie präsentieren, gut lesbar, indem Sie Aufzählungspunkte, Listen, fettgedruckte Texte und andere visuelle Hinweise verwenden. Fügen Sie immer Bilder von Ihnen und Ihrem Team ein, damit Ihre Kunden wissen, dass Sie ein echter Mensch sind. Das schafft Vertrauen. Kontaktinformationen sind natürlich unerlässlich.

Denken Sie sorgfältig über die Wirkung der Farben nach, die Sie auf Ihrer Website verwenden. Laut Derek Halpern von Social Triggers ist der größte Fehler, den Website-Besitzer machen, passive und Aktionsfarben zu vermischen. Passive Farben sind die Farben, die Ihre Markenidentität und Ihr Image ausmachen, während Aktionsfarben den Besuchern signalisieren, dass sie eine Aktion durchführen können. Wenn Ihr Logo zum Beispiel blau ist, ist das eine passive Farbe für Ihre Website. Verwenden Sie sie nicht für eine Schaltfläche oder einen Link. Verwenden Sie stattdessen eine

Aktionsfarbe wie Rot oder Orange. Das mag pedantisch klingen, aber es hilft tatsächlich, potenzielle Kunden zu Ihren Dienstleistungen zu führen.

Versuchen Sie, über Ihre Website Beziehungen zu potenziellen Kunden aufzubauen, indem Sie weitere Informationen anbieten. Bieten Sie ihnen zum Beispiel an, ihre E-Mail-Adresse einzugeben, um einen kostenlosen, wertvollen Bericht oder Newsletter zu erhalten.

Letztendlich ist der wichtigste Aspekt Ihrer Website die Vermittlung des Wertes Ihrer Dienstleistungen an potenzielle Kunden. Ihr Wertangebot muss klar und prägnant ausdrücken, was Sie tun, für wen Sie es tun und warum Sie eine bessere Wahl sind als die Konkurrenz. Vor allem Ihre Landing Page muss wichtige Informationen über Sie, Ihre Dienstleistungen und Ihren Ruf liefern.

Es ist hilfreich, Zeugnisse von zufriedenen Kunden beizufügen. Sie tragen zu Ihrer Glaubwürdigkeit bei, aber achten Sie darauf, dass sie spezifisch sind. Nehmen Sie keine Zeugnisse auf, die nur vage Komplimente enthalten.

Vergewissern Sie sich schließlich, dass Sie einen Analysedienst installiert haben, um die Statistiken Ihrer Website zu verfolgen. Google Analytics und StatCounter sind zwei großartige, kostenlose Optionen. Die Daten, die Sie mit diesen Diensten sammeln, geben Ihnen Hinweise darauf, wie Sie Ihre Website verbessern können.

CHECKLISTE: BRANDING UND IHR UNTERNEHMEN

- Der Name meines Beratungsunternehmens ist aussagekräftig, leicht zu merken und aussagekräftig.
- Ich habe eine Visitenkarte, die einfach, aber wirkungsvoll ist.
- Ich habe eine funktionelle Broschüre erstellt, die meine Dienstleistungen klar umreißt.
- Meine Website enthält die wichtigsten Informationen, die ein potenzieller Kunde sehen und lesen möchte.

LEKTION 5: STRATEGIEN FÜR BERATUNGSGEBÜHREN UND PREISGESTALTUNG

WELCHE PREISSTRUKTUR SOLLTEN SIE VERWENDEN?

Es gibt mehrere Möglichkeiten, wie Sie Ihre Beratungspreise und Honorare festlegen können.

Dabei gibt es keinen richtigen oder falschen Weg, solange Sie so bezahlt werden, dass Sie Ihr Geschäft nachhaltig ausbauen können.

Das Schlimmste, was Sie als Berater tun können, ist, zu wenig zu berechnen. Die Ausnahme ist, wenn Sie gerade erst Berater geworden sind und Ihre Füße nass machen wollen. In diesem Fall ist es ein kluger Schachzug, einige weniger gut bezahlte Aufträge anzunehmen, um sich zu etablieren, eine Kundenliste aufzubauen und Ihre Fähigkeiten zu testen.

In den meisten Fällen sollten Sie jedoch nicht zu wenig verlangen, da die Kunden Ihre Dienste dann unterbewerten. Im Allgemeinen gilt: Je mehr Sie verlangen, desto mehr werden die Kunden den Wert Ihrer Dienstleistungen schätzen.

Bevor Sie Ihre Gebühren ins Unermessliche steigern, sollten Sie sicherstellen, dass sie logisch aufgebaut sind.

DER STATUS QUO DER BERATER

Finden Sie zunächst heraus, welche Preise andere Berater verlangen, und legen Sie die Gebühren entsprechend fest.

Auf diese Weise positionieren Sie sich sofort mit etablierten Beratern. Das ist für den Anfang ein guter Standard, aber seien Sie vorsichtig, wenn Sie sich mit allen anderen in einen Topf werfen.

Schauen Sie sich die erfolgreichsten Menschen um Sie herum an. Sie neigen dazu, ihre Meinung zu sagen und haben ihre eigenen einzigartigen Eigenschaften. Einfach ausgedrückt: Sie sind anders als die anderen um sie herum.

In der Beratung wollen Sie das Gleiche erreichen. Positionieren Sie sich als anders als die Konkurrenz. Anders zu sein allein reicht jedoch nicht aus. Sie müssen auch Ergebnisse und Werte liefern.

EINE EINFACHE FORMEL, DIE IHNEN BEI DER FESTLEGUNG IHRER GEBÜHREN HILFT

Überlegen Sie, was Sie pro Jahr verdienen wollen.

Wenn Ihr Ziel 80.000 Dollar sind, nehmen Sie diese Zahl und teilen Sie sie durch die Anzahl der Stunden, die Sie pro Jahr arbeiten können.

Beginnen Sie mit zweiundfünfzig Wochen und ziehen Sie Urlaubs-, Feier- und Krankheitstage ab. Übrig bleiben in der Regel etwa fünfundvierzig Wochen. Wenn Sie davon ausgehen, dass Sie etwa vierzig Stunden pro Woche arbeiten, können Sie Ihre Gesamtarbeitszeit pro Jahr durch einfache Multiplikation ermitteln:

Also 45 Wochen x 40 Arbeitsstunden = 1.800

Neue Berater nehmen oft diese Zahl und teilen sie durch ihr Zielgehalt. In diesem Fall wären es 80.000/1800 = 44,44 $, was Ihrem Stundensatz entsprechen würde.

ABER es gibt ein großes Problem, das hier übersehen wird. Sie werden nicht 1.800 Stunden im Jahr mit Kunden arbeiten.

Warum? Weil Sie einen Teil dieser Zeit für Marketing, Verwaltung und die allgemeinen Aufgaben aufwenden müssen, die für den Betrieb und das Wachstum Ihres Beratungsunternehmens erforderlich sind.

Am Ende werden Sie wahrscheinlich 50 Prozent Ihrer Zeit für die eigentliche Kundenarbeit aufwenden, also teilen Sie Ihre 1.800 Stunden durch zwei. Ihr neues Ergebnis sind 900 Stunden abrechenbare Arbeit.

Teilen Sie nun Ihr Zielgehalt von 80.000 $ durch die 900 Stunden abrechenbarer Arbeit: 80.000/900 = 88,88 Dollar pro Stunde

Daraus können Sie ersehen, wie viel Sie arbeiten müssen und zu welchem Honorar, um Ihr Ziel eines Gehalts von 80.000 Dollar zu erreichen.

Wenn Ihr Ziel niedriger ist, wird Ihr Honorar niedriger ausfallen. Wenn Sie weniger Zeit aufwenden, aber gleich viel Geld verdienen wollen, müssen Sie Ihr Honorar erhöhen. Dies ist eine gleitende Skala, die Ihnen eine Vorstellung davon vermittelt, wie Sie Ihre Preise festlegen können.

Dabei sollten wir es nicht belassen, denn wir können und sollten noch einen Schritt weitergehen.

Der oben genannte Satz von 88,88 $ ist als Basissatz in Ordnung, aber wir haben noch nicht alle Gemeinkosten und andere Kosten berücksichtigt, die mit dem Betrieb eines Unternehmens verbunden sind.

Wenn Ihre jährlichen Gemeinkosten 10.000 $ betragen (Miete, Telefon, Internet, Verbrauchsmaterial, Versicherung, medizinische Versorgung usw.), nehmen Sie diese Zahl und teilen Sie sie durch die Anzahl der abrechenbaren Stunden. Im obigen Beispiel wären das 10.000$/900$ = 11,11$.

Ihr vorheriger Stundensatz von 88,88 $ wäre jetzt also 88,88 + 11,11 = 99,99 $. Runden Sie das ab, und Ihr "echter" Stundensatz beträgt 100 $.

Auch wenn ich in der Regel davon abrate, Kunden einen Stundensatz in Rechnung zu stellen (dazu später mehr), ist es hilfreich, zu wissen, was man pro Stunde berechnen kann.

Das liegt daran, dass Sie bei vielen Honorarstrukturen, wie z. B. Projekthonorar, Tages- oder Halbtagshonorar, wissen müssen, wie hoch Ihr Stundensatz ist.

Kommen wir nun zu einigen anderen Gebührenstrukturen, die Sie in Betracht ziehen sollten.

PROJEKTGEBÜHR

Sie können von der Arbeit auf Stundenbasis zu einer projektbezogenen Honorarstruktur übergehen. In diesem Fall müssen Sie festlegen, wie viele Stunden das Projekt voraussichtlich in Anspruch nehmen wird.

Ich empfehle, zu den erwarteten Stunden, die Sie für die Durchführung des Projekts benötigen, weitere 50 Prozent hinzuzurechnen. So können Sie die Verwaltung und den Überschuss berücksichtigen. Einfach ausgedrückt: Es dauert immer länger, als man ursprünglich erwartet, und man möchte nicht, dass man am Ende Geld für das Projekt verliert. Diese Aufstockung bietet Ihnen Schutz, weshalb sie in der Branche üblich ist. Passen Sie diesen zusätzlichen Prozentsatz nach Bedarf an.

Denn auch bei Projekthonoraren müssen Sie wissen, wie hoch Ihr Stundensatz ist, damit Sie abschätzen können, wie lange es dauern wird, das Projekt abzuschließen.

TÄGLICHES BERATUNGSHONORAR

Manche Berater ziehen es vor, nach Tagen oder halben Tagen abzurechnen. Daran ist nichts auszusetzen, aber Sie müssen trotzdem wissen, wie hoch Ihr Stundensatz ist, damit Sie Ihr Tageshonorar berechnen können.

Wenn Ihr Stundensatz z. B. 200 $/Stunde beträgt und Sie acht Stunden im Büro Ihres Kunden verbringen, könnten Sie 1.600 $ für den Tag berechnen.

Aber es gibt noch ein paar andere Dinge, die Sie beachten sollten.

REISEZEIT

Wie lange werden Sie brauchen, um den Standort Ihres Kunden zu erreichen? Wenn es nur ein paar Minuten sind, ist das nicht weiter schlimm. Aber wenn Sie für Hin- und Rückweg jeweils eine Stunde brauchen, sind das zwei Stunden, die Sie sonst in Rechnung stellen könnten.

In diesem Fall wird Ihr Achtstundentag zu einem Zehnstundentag, und es ist nicht verkehrt, als Ausgleich dafür 400 Dollar mehr für den Tag zu berechnen. Müssen Sie das berechnen? Nein, natürlich nicht. Das bleibt ganz Ihnen überlassen. Aber es ist auf jeden Fall eine Überlegung wert.

REISEKOSTEN

Wenn ein Unternehmen Sie bittet, eine Präsentation an einem Ort außerhalb Ihrer Stadt oder Ihres Landes zu halten, sollte es für Ihre Reisekosten aufkommen. Als ein japanischer Kunde mich bat, eine Podiumsdiskussion zu moderieren, bezahlte das Unternehmen meinen Flug, die Unterkunft und das Tageshonorar.

Reisen Sie lieber Business oder First Class? Das hängt von Ihrer Beziehung zum Kunden ab und davon, wie sehr Sie sich einen Namen gemacht haben. Wenn Sie in der Branche gut etabliert und sehr gefragt sind, ist es üblich, dass Sie um eine Reise in der Business Class bitten und diese auch erwarten.

Andererseits sollten Sie, wenn Sie gerade erst anfangen, sich auf dem Markt einen Namen zu machen, nicht erwarten, dass Sie in der Business Class reisen. Ich würde sogar davon abraten, danach zu fragen.

MAHLZEITEN UND MEHR

Berater fragen uns oft, ob sie die Kosten für Essen und Getränke in ihren Tagessatz aufnehmen sollen. Ich habe das nie getan. Es erscheint mir unprofessionell, sich auf dieses Niveau zu begeben.

Sie müssen essen, unabhängig davon, ob Sie bei Ihrem Kunden oder zu Hause sind. Wenn die Stadt, in der Sie arbeiten, nicht nur 150 Dollar für Mahlzeiten ausgibt, sollten Sie die Kosten für Mahlzeiten und Getränke während der Arbeit übernehmen.

Wenn Sie berufstätig sind, haben Sie ohnehin nicht viel Zeit für ein gemütliches Mittagessen. Meistens haben Sie nur zehn bis zwanzig Minuten Zeit, um einen schnellen Happen zu essen, bevor Sie wieder an die Arbeit gehen. Oft stellt Ihnen Ihr Kunde vor Ort ein Mittagessen zur Verfügung oder lädt Sie zum Mittagessen ein.

RECHTFERTIGUNG IHRER GEBÜHREN DURCH DEN WERT

Jetzt wissen Sie, welche Art von Stundensatz Sie verlangen müssen, um das gewünschte Jahreseinkommen zu erzielen, und das bedeutet, dass Sie auch wissen, was Sie auf täglicher, wöchentlicher und monatlicher Basis verlangen müssen, um es zu erreichen.

Die Abrechnung auf Stunden- oder Tagesbasis lässt jedoch nur einen begrenzten Spielraum für Wachstum. Wenn Sie 300.000 Dollar im Jahr verdienen wollen, ist es schwer, einen potenziellen Kunden zu bitten, Ihnen 1.000 Dollar pro Stunde zu zahlen. Vielleicht sind Sie es wert, aber die meisten Unternehmen werden von einer solchen Zahl abgeschreckt. Gibt es eine Möglichkeit, ein höheres Einkommen für sich selbst zu erzielen, ohne potenzielle Kunden zu verschrecken? Ja, die gibt es.

Wie sieht es aus, wenn ein potenzieller oder aktueller Kunde sagt, Ihre Gebühren seien zu hoch? Gibt es eine wirksame Methode, damit umzugehen? Ja, die gibt es.

Die Antwort auf diese beiden Situationen liegt in der Schaffung von Mehrwert für Ihre Kunden und in der Rechtfertigung Ihres Honorars, das nicht auf den Stunden basiert, sondern auf dem Wert, den Ihr Kunde durch Ihre Dienstleistungen erhält.

Wenn ich von Wert spreche, dann meine ich nicht den gefühlsduseligen Kundendienst oder den hochwertigen Hokuspokus, mit dem so viele Leute um sich werfen. Ich spreche von greifbarem Wert.

DER WERT ZÄHLT

Erfahrene Berater verlangen oft zehnmal mehr als neue Berater. Das liegt zum Teil daran, dass sie mehr Erfahrung haben, aber auch daran, dass sie wissen, wie sie den Wert für ihre Kunden begründen können.

Erklären Sie Ihren Kunden, was sie von Ihren Dienstleistungen haben werden. Zum Beispiel könnte Ihr Kunde wollen, dass Sie ein Problem lösen, das ihm viel Ärger bereitet hat. Wenn Ihre Lösung wertvoll ist, können und sollten Sie Ihr Honorar auf der Grundlage von Wert und ROI festlegen.

Das beginnt damit, die richtigen Fragen zu stellen. Lassen Sie mich ein Beispiel geben, das sich auf jede Art von Beratung anwenden lässt.

Nehmen wir an, ich werde an ein Versicherungsunternehmen verwiesen, das Hilfe bei der Steigerung seines Umsatzes benötigt. Ich treffe mich mit dem Präsidenten des Unternehmens, und nachdem ich mir seine Beschreibung der aktuellen Situation angehört habe, weiß ich, wie ich helfen kann. Ich erkläre ihm, dass mein Honorar 10.000 Dollar pro Monat beträgt und dass ich in der Regel mit einer Vereinbarung über eine viermonatige Zusammenarbeit beginne, dass er aber jederzeit kündigen kann, wenn sein Unternehmen nicht zufrieden ist. Als er mein Honorar hört, wird der Präsident stutzig.

"10.000 Dollar im Monat", denkt er. "Das ist eine Menge!"

Um den Wert meines Honorars zu rechtfertigen, könnte ich ihn fragen, wie viel ihm jeder Kunde im Durchschnitt wert ist? Ich würde dann fragen, wie viele neue Kunden das Unternehmen jeden Monat gewinnt? Ich könnte auch fragen, wie viel sie derzeit ausgeben, um diese neuen Kunden zu gewinnen?

Übrigens sollten Sie alle diese Informationen einholen, bevor Sie mit Ihren Kunden über Ihr Honorar sprechen.

Mit diesen Informationen kann ich eine Argumentation für den Wert, den ich liefern werde, erstellen. Nehmen wir an, das Unternehmen schätzt derzeit, dass jeder neue Kunde 10.000 Dollar wert ist, dass es derzeit 10 neue Kunden pro Monat gewinnt und dass es 25.000 Dollar kostet, diese neuen Kunden jeden Monat zu gewinnen.

Ich weiß jetzt, dass das Unternehmen jeden Monat etwa 100.000 $ an neuen Aufträgen einbringt. Allerdings gibt es 25.000 Dollar aus, um dieses

Neugeschäft zu akquirieren, so dass es monatlich etwa 75.000 Dollar an Neugeschäft einnimmt. Dazu kommen noch viele andere Kosten für das Büro, die Mitarbeiter usw., aber Sie verstehen schon, was ich meine.

Mit dem Wissen, das ich jetzt habe, sage ich dem Präsidenten des Unternehmens, dass ich glaube, dass ich die Marketing- und Werbekosten durch Testen und Nachverfolgen um 50 Prozent (auf 12.500 Dollar pro Monat) senken kann, und dass sie immer noch die gleichen Ergebnisse in Bezug auf neue Geschäfte erzielen werden. Ich glaube auch, dass die Verbesserung ihrer aktuellen Anzeigen und ihres Lead-Handling-Systems jeden Monat zwei zusätzliche Kunden bringen wird (im Wert von zusätzlichen 20.000 Dollar pro Monat). Ich könnte weitermachen und dem Unternehmen zeigen, wie ich mit meinem Wissen und meiner Erfahrung mehr Geld sparen oder mehr verdienen könnte, indem ich andere Strategien anwende.

haben.

Das Ergebnis ist, dass ich dem Präsidenten gezeigt habe, wie sein Unternehmen mit meiner Hilfe jeden Monat 32.500 Dollar zusätzlich verdienen kann. Ich stelle klar, dass dies nicht sofort geschehen wird, schlage aber vor, dass wir uns vielleicht darauf einigen, dass diese Ergebnisse innerhalb von vier Monaten der Zusammenarbeit erreicht werden. Wenn ich diesem Unternehmen nun jeden Monat 25.000 Dollar mehr einbringe, oder 300.000 Dollar im Jahr (Gewinne abzüglich meines Honorars), glauben Sie nicht, dass es mehr als glücklich wäre, dafür zu zahlen?

Auf diese Weise rechtfertigen Sie Ihre Gebühren mit einem Mehrwert. Sie müssen nicht unbedingt den Umsatz steigern, sondern können auch die Kosten senken und einen Prozess beschleunigen, der zu höheren Einnahmen führt. Denken Sie einfach daran, dass Unternehmer in Geldsachen denken. Was auch immer Sie verwenden, um den von Ihnen geschaffenen Wert darzustellen, verknüpfen Sie es immer mit dem, was dies für sie in Dollar und Cent bedeutet.

DIE PREISSTRUKTUR, DIE BERATER LIEBEN

Eine der größten Herausforderungen, mit denen Sie als Berater konfrontiert werden, ist die Schaffung eines stabilen Einkommens, vor allem in der Anfangszeit.

Mit stabilem Einkommen meine ich nicht, dass ich alle zwei Wochen einen Gehaltsscheck bekomme wie ein typischer Angestellter. Ich spreche von einem kontinuierlichen Strom von Kundenaufträgen.

Wenn Sie auf Stundenbasis oder auf Projektbasis arbeiten, sieht Ihr Zeitplan oft so aus: Sie gehen zur Arbeit, kümmern sich um das Problem des Kunden, an dem Sie gerade arbeiten, und sind fertig. Du schickst die Rechnung, wirst bezahlt und hörst nichts mehr von dem Kunden, bis er mehr Arbeit braucht. Klingt gut, oder? Sicher, das ist gängige Praxis.

Das große Problem dabei ist, dass Sie einen ständig wachsenden Kundenstamm brauchen, damit Sie sich nach Abschluss eines Projekts gleich dem nächsten widmen können. Manche Kunden haben nur ein einmaliges Projekt, oder sie hören aus irgendeinem Grund auf, also müssen Sie Ihren Kundenstamm ständig erweitern.

WARUM EIN BERATUNGSHONORAR DIES BESSER MACHT:

Wenn Sie mit Ihrem Kunden eine Retainer-Vereinbarung abschließen, arbeiten Sie im Wesentlichen jeden Monat eine bestimmte Anzahl von Stunden mit ihm zusammen und stellen ihm monatlich eine Rechnung.

Das müssen Sie tun, damit es funktioniert:

1) Erstellen Sie einen Plan für die monatlichen Aufgaben oder eine klar definierte Reihe von Leistungen, auf die Sie und Ihr Kunde sich geeinigt haben.

2) Zeigen Sie dem Kunden jede Woche oder zumindest jedes Mal, wenn Sie sich mit ihm treffen, was vor dem Treffen erreicht oder abgeschlossen wurde. Auf diese Weise können sie den Fortschritt sehen und den Schwung spüren.

3) Planen Sie immer voraus. Besprechen Sie bei jedem Treffen nicht nur, was Sie bereits erreicht haben. Besprechen Sie auch, was Sie als Nächstes zu tun gedenken.

Wie formell Sie diese Pläne erstellen, sollte vom Kunden abhängen. Ich hatte einige Kunden, die alle zwei Wochen bis zu einem Monat einen Status des Projekts mit Zahlen und Daten verlangen. Andere wollen einfach nur darüber reden.

4) Liefern. Dieser Punkt ist entscheidend. Ich weiß, es klingt offensichtlich, aber der ganze Grund, warum Beraterverträge funktionieren, ist, dass Sie etwas bewirken und Ihr Kunde bereit ist, Sie kontinuierlich zu bezahlen, um die Arbeit fortzusetzen.

Wenn Sie das nächste Mal einem Kunden Ihre Honorare vorlegen oder ein Angebot für ein Projekt unterbreiten, sollten Sie eine Option für einen monatlichen Vorschuss einplanen.

Der Beratervertrag ist sowohl für Sie als auch für Ihren Kunden besser. Sie erhalten die Stabilität einiger weniger Kunden, die für ein regelmäßiges Einkommen sorgen, und da Sie nicht so viele neue Kunden gewinnen müssen, können Sie sich besser auf das Geschäft Ihrer bestehenden Kunden konzentrieren, ihnen mehr Zeit widmen und bessere Ergebnisse liefern.

Der Beratungsvorschuss funktioniert. Ich verwende ihn seit vielen Jahren, und er kann eine großartige Arbeitsform sein.

MEHR PROJEKTE MIT PREISPLÄNEN GEWINNEN

Kunden lieben es, Optionen zu haben. Eine der effektivsten Preisstrategien ist die Dreier-Strategie.

Und so funktioniert es:

Bieten Sie Ihren Kunden drei Pakete an. Sie können sie "Bronze", "Silber" und "Gold" nennen, oder etwas anderes, das für Ihr Unternehmen sinnvoll ist. Die Namen sind nicht wichtig; es sind das Konzept und die Psychologie dahinter, die die Strategie zum Erfolg führen.

Ihr erstes Angebot ist Ihr Bronze-Paket. Dies ist Ihr preisgünstigster Plan und umfasst die geringste Anzahl von Stunden, die Sie mit Ihrem Kunden verbringen, oder die wenigsten Ergebnisse.

Der Silberplan ist teurer und geht über die grundlegenden Leistungen Ihres Bronzeplans hinaus. Dieser Plan bietet mehr Wert, mehr von Ihrer Zeit oder mehr Leistungen.

Der Goldplan ist der teuerste. Dies ist Ihr Rundum-Sorglos-Paket für High Roller. Die Kosten sind nicht das Einzige, was sich mit diesem Plan erhöht; Sie liefern Ihrem Kunden einen weitaus größeren Wert. Sie nehmen sich mehr Zeit für Ihren Kunden, verwenden bessere Systeme oder eine größere Werbereichweite, oder Sie verwalten und implementieren mehr Aspekte der von Ihnen festgelegten Strategie.

Der Schlüssel dazu ist, dass Ihr Preis in dem Maße steigt, wie Sie Ihren Kunden einen Mehrwert bieten. Denken Sie daran, dass es sich dabei nicht nur um einen Haufen Schnickschnack handeln sollte, sondern um tatsächliche Dienstleistungen, die Ihre Kunden als wertvoller für ihr Geschäft empfinden werden.

In siebzig bis 80 Prozent der Fälle entscheiden sich die Kunden für das mittlere (silberne) Paket. Hier kommt die Psychologie zum Tragen. Die meisten Kunden wollen nicht das billigste, und es fällt ihnen anfangs schwer, das teuerste Paket zu rechtfertigen, also entscheiden sie sich für den Mittelweg.

Für Sie als Berater ist das eine gute Sache. Wenn Sie Ihren Kunden nur eine Option anbieten, müssen sie sich nur noch entscheiden, ob sie Sie beauftragen wollen oder nicht. Das ist gleichbedeutend damit, dass Sie ihnen sagen, entweder Sie oder der Highway. Indem Sie Optionen anbieten, machen Sie den Entscheidungsprozess für den Kunden einfacher und zufriedenstellender.

Das Angebot von zwei Paketen funktioniert auch, aber ich würde nie mehr als drei anbieten. Das wird zu verwirrend, und das Letzte, was Sie wollen, ist, Ihren Kunden die Kaufentscheidung zu erschweren.

WIE BERATER SEHR REICH WERDEN KÖNNEN

Jeder Tag hat nur so viel Zeit, und es gibt nur einen von Ihnen. Wie kommen Sie also von einem guten Einkommen zu einem fantastischen Einkommen?

Partnerschaft mit einem Kunden. Nicht im rechtlichen Sinne, dass Sie Miteigentümer des Unternehmens werden, sondern im Hinblick auf die Aufteilung der Einnahmen oder Einsparungen, die durch Ihre Arbeit erzielt werden.

Ich habe das schon ein paar Mal ausprobiert, und es ist nicht ganz einfach, das gut zu machen. Aber wenn es funktioniert, ist es bei weitem der beste Weg, um ein unglaubliches Einkommen zu erzielen.

Es gibt noch andere Möglichkeiten, Ihre Fähigkeiten zum Wachstum Ihres Unternehmens zu nutzen. Zum einen können Sie ein Beratungsinstrument entwickeln, das Sie an Kunden verkaufen können. Die zweite besteht darin, andere zu beauftragen, Ihnen beim Aufbau Ihres Unternehmens zu helfen. Darauf werde ich später eingehen, aber jetzt wollen wir erst einmal die Fallstricke und Chancen einer Partnerschaft mit einem Kunden erkunden, um reich zu werden.

Und so funktioniert es. Sie vereinbaren mit Ihrem Kunden, dass Sie keine Zahlungen oder Honorare für Ihre Arbeit annehmen werden. Im Gegenzug erhalten Sie einen Prozentsatz der Einnahmen oder Einsparungen, die Sie für das Unternehmen Ihres Kunden erzielen. Dieser Anteil kann zwischen 5 und 50 Prozent betragen.

Warum sollte Ihr Kunde Ihnen 50 Prozent seines Geldes überlassen? Weil das bedeutet, dass er nicht in Vorleistung gehen muss, sondern Sie nur dann bezahlen muss, wenn er mehr Geld verdient. Sie werden vielleicht nicht so viel verdienen, aber es ist eine sichere Sache, und sie werden froh sein, dass sie jemanden an ihrer Seite haben, der Ergebnisse erzielen kann.

In konkreten Zahlen bedeutet das: Wenn Sie das Geschäft Ihres Kunden um 500.000 Dollar pro Jahr steigern, gehören 250.000 Dollar Ihnen. Natürlich müssen Sie davon überzeugt sein, dass Sie Ergebnisse erzielen können. Wenn Sie das nicht können, vergeuden Sie Ihre Zeit und die Ihrer Kunden.

Das klingt gut, aber es ist keine leichte Arbeit. Sie müssen dem Kunden vollkommen vertrauen. Wenn Sie keine solide Beziehung zu ihm haben, bringt Ihnen dieses Arrangement fast garantiert nichts als Stress, Frustration und wenig bis kein Geld.

Ich empfehle, dass Berater mindestens ein oder zwei Projekte bearbeiten zunächst mit dem Kunden erfolgreich abschließen. Wenn alles gut läuft, sind Sie in einer viel besseren Position, um über eine Partnerschaft und Gewinnbeteiligung nachzudenken.

Diese Vorgehensweise eignet sich nicht für alle Arten von Beratungsunternehmen. Wenn es für Ihr Unternehmen funktioniert, ist es auf jeden Fall eine Überlegung wert, wenn Sie mit der Durchführung von Projekten für Kunden beginnen.

BEDEUTET EINE NIEDRIGERE GEBÜHR MEHR KUNDEN?

Wenn Sie sich diese Frage schon einmal gestellt haben, sind Sie nicht allein. Das ist sehr häufig der Fall.

Manche, die neu in die Beratung einsteigen, glauben, dass sie mehr Aufträge an Land ziehen, wenn sie ihre Gebühren senken. In ihrer Vorstellung bedeutet eine Preissenkung, dass die Hürde für Kunden, sie zu beauftragen, niedriger ist.

Sie irren sich. Ihre Gebühren zu senken ist ein großer Fehler.

Wenn Sie weniger verlangen als alle anderen um Sie herum, werden Sie schnell als der billigste Anbieter solcher Dienstleistungen bekannt. Gibt es Menschen, die für Dinge, die mehr kosten, eine Prämie verlangen? Ja. Gehen sie davon aus, dass etwas von besserer Qualität sein muss, wenn es mehr kostet? Ja, wieder.

Unabhängig davon, wie gut Sie in Ihrer Arbeit sind, bedeutet eine niedrigere Gebühr, dass Sie Ihren potenziellen Kunden weniger Wert bieten.

Es werden also nicht nur weniger Unternehmen an Ihren Dienstleistungen interessiert sein, sondern Sie werden auch mit jedem einzelnen weniger verdienen, was bedeutet, dass Sie viel mehr Kunden brauchen, um das gleiche Einkommensniveau zu erreichen wie ein Konkurrent, der mehr verlangt.

WARUM SIE MEHR GELD VERLANGEN MÜSSEN

Einer der größten Fehler, den neue Berater machen, besteht darin, zu niedrige Preise für die von ihnen angebotenen Dienstleistungen zu verlangen. Wie bereits erwähnt, ist es nicht verkehrt, wenn Sie, wenn Sie ganz neu im Geschäft sind, Ihren ersten Kunden ein gutes Angebot machen, um sie für sich zu gewinnen, Ihre Fähigkeiten zu beweisen und den Empfehlungsmotor in Gang zu bringen.

Aber auch wenn Sie neu sind, sollten Sie den ersten Kunden deutlich machen, dass Sie ein Sonderangebot machen und dass Sie nach dem ersten Projekt oder Monat Ihre regulären Preise berechnen müssen.

Nun zurück zu dem großen Fehler, den viele Berater begehen: Sie berechnen zu wenig. Berater tun dies in der Regel aus zwei Gründen. Erstens sehen sie, dass andere um sie herum diesen Preis verlangen, oder sie haben es irgendwo im Internet gelesen. Und zweitens glauben sie, dass sie einen Wettbewerbsvorteil haben, wenn sie ein niedrigeres Honorar als andere verlangen.

Ich habe bereits erklärt, warum der Preis kein Wettbewerbsvorteil für Berater sein kann, und die Gefahr, sich mit allen anderen in Ihrer Branche in einen Topf zu werfen, ist ebenso gefährlich, weil Sie dann nur ein weiterer durchschnittlicher Berater werden.

Das größere Problem ist jedoch, dass zu niedrige Honorare dazu führen, dass sich die Berater im Kreis drehen. Weil ihre Honorare niedriger sind, müssen sie mehr Stunden arbeiten und mehr Kunden haben, um das gewünschte Einkommensniveau zu erreichen. Das ist wirtschaftlich nicht sinnvoll.

Andererseits können Sie durch höhere Honorare Ihre Zeit, Energie und Ressourcen auf weniger Kunden konzentrieren, weniger Stunden arbeiten und mehr Geld verdienen. Das ist der Ansatz, den alle Berater verfolgen sollten.

WIE SIE IHRE GEBÜHREN ERHÖHEN KÖNNEN

Da Sie wissen, dass Sie Ihre Gebühren erhöhen sollten, stellt sich die Frage, wie Sie dies tun können, sowohl bei neuen als auch bei bestehenden Kunden.

ERHÖHUNG DER GEBÜHREN FÜR NEUE KUNDEN

Diese Situation ist am einfachsten zu bewältigen. Vielleicht berechnen Sie 100 Dollar pro Stunde und sind der Meinung, dass Sie Ihr Honorar auf 120 oder 150 Dollar pro Stunde erhöhen sollten, um wachsende Ausgaben, die Kosten für die Einstellung eines Auftragnehmers oder eines

Teilzeitmitarbeiters zu decken, oder einfach, weil Sie das Gefühl haben, dass Sie mehr verdienen sollten. Was auch immer der Grund sein mag, fangen Sie einfach an, potenziellen Kunden Ihren neuen Stundensatz mitzuteilen, wenn Sie sich mit ihnen treffen. So einfach ist das.

ERHÖHUNG DER GEBÜHREN FÜR BESTEHENDE KUNDEN

Die Gebührenerhöhung bei bestehenden Kunden ist schwieriger. Ich bekomme viele Fragen von Beratern zu diesem Thema, weil sie Angst davor haben, es zu tun.

Die mit Abstand größte Sorge ist, dass sie Kunden verlieren oder auf Einwände stoßen könnten. Lassen Sie uns herausfinden, wie Sie Ihre Honorare auf die richtige Art und Weise erhöhen können, damit Sie dafür gut gerüstet sind.

Der erste Schritt zu einer erfolgreichen Gebührenerhöhung ist die Festlegung des neuen Satzes. Lesen Sie dazu noch einmal den Abschnitt über die Berechnung Ihrer Gebühren. Geben Sie Ihre neuen Zieleinnahmen und -ausgaben ein, und Sie werden schnell herausfinden, wie hoch Ihr neuer Satz sein sollte. Wenn Sie von einem Stundensatz zu einem Projektsatz oder einer anderen Struktur wechseln, ist das kein Problem. Halten Sie sich an den Leitfaden, den ich zuvor beschrieben habe, und schreiben Sie auf, was Sie Ihren Kunden in Rechnung stellen wollen und welches Honorar Sie dafür verlangen werden.

Der zweite Schritt ist bei weitem der wichtigste. Er ist die geheime Zutat, die leider viele Berater übersehen. Der entscheidende Schritt, über den wir hier sprechen, ist die Entscheidung darüber, welchen Mehrwert Sie Ihren Kunden bieten werden.

Wenn Sie z. B. derzeit 2.000 US-Dollar pro Monat für einen ganzen Tag in der Firma Ihres Kunden berechnen, an dem Sie eine intensive Prüfung durchführen und Empfehlungen aussprechen, wie bestimmte Geschäftsbereiche verbessert werden können, Sie aber Ihr Honorar auf 2.500 US-Dollar pro Monat erhöhen möchten, können Sie vielleicht auch eine kostenlose wöchentliche Überwachung, telefonischen Support oder ein anderes Produkt oder eine andere Dienstleistung anbieten, die Ihr Kunde zu schätzen weiß.

Der Grund, warum Sie Ihren Kunden einen echten oder vermeintlichen Mehrwert bieten müssen, wenn Sie Ihr Honorar erhöhen, liegt darin, dass sie es viel leichter finden, mehr zu zahlen, wenn sie mehr bekommen. Selbst wenn der Mehrwert, den Sie bieten, Sie nicht viel kostet oder Sie nicht viel zusätzliche Zeit in Anspruch nehmen, werden Ihre Kunden Ihr neues Honorar viel eher akzeptieren, solange sie einen Mehrwert sehen.

Der nächste Schritt besteht darin, die Preiserhöhung mit Ihrem Kunden zu besprechen. Sie können ihm eine E-Mail oder einen Brief schicken, aber ich ziehe es immer vor, dies persönlich oder am Telefon zu tun. Für welche Form der Kommunikation Sie sich auch entscheiden, senden Sie immer etwas in schriftlicher Form, damit Ihr Kunde die Details mit eigenen Augen sehen kann. Das verhindert spätere Unklarheiten darüber, was gesagt wurde und was nicht.

Sobald Sie dieses Gespräch geführt und das Schreiben an Ihren Kunden geschickt haben, ist es äußerst wichtig, den zusätzlichen Nutzen zu erläutern, den Ihre Kunden erhalten werden. Sie müssen dies auf eine Art und Weise tun, die für den Kunden Sinn macht.

Wenn Sie z. B. die Pflege der Website oder der Werbekampagne übernehmen, reicht es nicht aus, dies nur zu sagen. Erklären Sie Ihrem Kunden die zusätzlichen Vorteile, die er durch diese neue Dienstleistung erhalten wird.

Werden sie Zeit oder Geld sparen, ihre Effizienz steigern, ihre Umsätze erhöhen oder etwas anderes? Was auch immer die Vorteile sind, formulieren Sie sie in kristallklarer Sprache.

In Ihrem Schreiben sollten Sie auch angeben, warum Sie die Gebühren erhöhen. Zu sagen, dass Sie dies tun, weil Sie mehr Geld verdienen wollen, ist kein guter Zug. Erklären Sie es richtig. Wenn Ihre Kosten gestiegen sind, können Sie das erwähnen. Ich habe immer die Erfahrung gemacht, dass es eine wirksame Strategie ist, meinen Kunden mitzuteilen, dass meine Gebühren steigen werden, weil ich jetzt über neue Technologien, Mitarbeiter oder Ressourcen verfüge, die ihnen helfen, ihr Geschäft auszubauen.

Denken Sie daran, dass es immer auf den Wert ankommt. Zeigen Sie Ihren Kunden, wie sie mehr Wert erhalten, erklären Sie, warum Ihre Gebühren steigen, und kommunizieren Sie dies dann klar mit Ihren Kunden.

Wenn mehrere Ihrer Kunden die Gebührenerhöhung strikt ablehnen, bedeutet dies wahrscheinlich, dass Sie nicht genug zusätzlichen Nutzen geboten haben, um die Erhöhung in ihren Augen zu rechtfertigen, oder dass Sie die Vorteile nicht klar genug kommuniziert haben.

Vielleicht verlieren Sie von Zeit zu Zeit einen Kunden, wenn Sie Ihre Gebühren erhöhen. Machen Sie sich keine Sorgen, das gehört zum Geschäft. Wenn Sie Ihr Honorar erhöhen, können Sie mit weniger Kunden den gleichen Betrag verdienen. Und wenn Sie Ihr Geschäft weiter vermarkten und neue Kunden zu Ihrem höheren Satz gewinnen, wird Ihr Beratungsgeschäft sogar noch rentabler werden.

EIGENKAPITAL VS. BARGELD: CHANCE ODER GEFAHR?

Manche Berater befinden sich in einer Situation, in der ein potenzieller Kunde Aktien oder Anteile an seinem Unternehmen anbietet, anstatt bar zu zahlen.

Das bedeutet, dass das Unternehmen eine bestimmte Anzahl von Anteilen oder einen bestimmten Prozentsatz an seinem Unternehmen anbietet.

BEI DER ARBEIT MIT EINEM ÖFFENTLICHEN UNTERNEHMEN

Wenn das Unternehmen öffentlich gehandelt wird, d. h. an der Börse notiert ist, haben Ihre Anteile an diesem Unternehmen tatsächlich einen Geldwert. Sie können diese Aktien verkaufen, und sie sind dann so viel wert, wie der Marktwert an diesem Tag beträgt.

Wenn der Aktienkurs jedoch sinkt, kann es passieren, dass Ihre 20.000 Dollar in Aktien schnell nur noch 20 Dollar wert sind - das ist eine Gefahr.

Wenn das Unternehmen jedoch gute Aussichten hat (vielleicht das nächste Google), können Ihre 20.000 Dollar in Aktien 200.000 oder 2.000.000 Dollar wert sein, je nach Unternehmen, Markt und Wirtschaft und anderen Faktoren.

Einfach ausgedrückt: Sie gehen ein Risiko ein. Wenn Sie glauben, dass das Unternehmen Potenzial hat, und Sie das Risiko in Kauf nehmen, dass Ihre Aktien praktisch wertlos werden, ist die Beteiligung an einem börsennotierten Unternehmen eine Überlegung wert.

BEI DER ZUSAMMENARBEIT MIT EINEM PRIVATEN UNTERNEHMEN

Wenn es sich um ein privates Unternehmen handelt, das Ihnen Aktien anbietet, ist das, was es Ihnen anbietet, nichts weiter als ein Stück Papier. Es besteht eine kleine Chance, dass das Unternehmen eines Tages an die Börse geht oder aufgekauft wird, und in diesen Fällen könnten Ihre Anteile einen gewissen Wert haben.

Wenn man bedenkt, wie hoch der Prozentsatz der Unternehmen ist, die innerhalb von fünf Jahren in Konkurs gehen, ist die Übernahme von Anteilen an einem privaten Unternehmen anstelle von Zahlungen eine riskante Angelegenheit.

In den ersten Jahren meiner Beratertätigkeit habe ich den Fehler gemacht, eine Reihe von Aktien-/Aktienzahlungen anzunehmen. In einer Situation, als ich für ein Energieunternehmen beriet, hielt ich 500.000 Aktien des Unternehmens. Die Aussichten auf einen Börsengang sahen gut aus. Wenn der Aktienkurs 2 Dollar erreicht hätte, hätte ich eine Million Dollar gehabt. Leider war das ein großes WENN. Ein Jahr später geriet das Unternehmen in Schwierigkeiten, und meine Aktien sind heute noch wertlos.

Die meiste Zeit, in der ich Anteile angenommen habe, endete ich mit einem schönen Stück Papier, das beeindruckend aussah und viele Zahlen enthielt, aber mit dem kein Geld verbunden war.

Ich empfehle den Beratern, ihren Standpunkt zu vertreten und Bargeld zu verlangen. Wenn das Unternehmen kein Bargeld anbietet, lehnen Sie das Angebot höflich ab und ziehen Sie weiter. Wenn Sie jedoch der Meinung sind, dass das Unternehmen über ein starkes Wachstumspotenzial verfügt, könnte es lukrativ sein, eine Bezahlung in Form von Bargeld und Aktien zu akzeptieren. Privatunternehmen sind jedoch ein großes Glücksspiel. In neun von zehn Fällen werden die Aktien an Wert verlieren.

DURCHSCHNITTLICHE BERATUNGSKOSTEN

Es scheint so, als ob mich jeden zweiten Tag ein Berater fragt: "Was ist der Durchschnittssatz, den ein Berater verlangen sollte?" Meine Antwort ist immer die gleiche: "Den gibt es nicht. Es kommt ganz darauf an."

Es gibt nämlich zu viele Variablen, als dass es einen einzigen Durchschnittssatz geben könnte. Ihr Land, Ihre Branche, Ihre Erfahrung, die Ergebnisse, die Sie für Ihre Kunden erzielen, Ihre Positionierung und Ihr Spezialgebiet sind nur einige der Faktoren, die Ihren Tarif bestimmen.

Kümmern Sie sich nicht um den Durchschnitt. Es ist immer gut zu wissen, was andere verlangen, aber das sollte Ihre Preise nicht allzu sehr beeinflussen, wenn Sie meine Ratschläge weiter oben in diesem Buch befolgt haben.

Um herauszufinden, was andere verlangen, können Sie eine Branchen- oder Netzwerkveranstaltung in Ihrer Nähe besuchen und dort andere fragen. Sie können im Internet recherchieren und ein paar Berater anrufen. Tun Sie so, als wären Sie ein potenzieller Kunde, oder noch besser, sagen Sie einfach, dass Sie gerade erst anfangen und sich fragen, was in der Branche üblich ist.

PREISGESTALTUNG FÜR INTERNATIONALE KUNDEN

Wenn Sie Kunden außerhalb Ihres Landes beraten, gibt es bei der Festlegung Ihres Honorars einiges zu beachten.

Erstens müssen Sie sicherstellen, dass Ihr internationaler Kunde Ihre Standardsätze kennt und in der Lage ist, sie zu zahlen. Sie wollen keine Zeit damit verbringen, einen Kunden zu gewinnen, nur um dann festzustellen, dass er sich Ihre Gebühren nicht leisten kann. Dies gilt sowohl für internationale als auch für lokale Kunden.

Wenn Sie festgestellt haben, dass in dieser Hinsicht alles in Ordnung ist, müssen Sie als Nächstes die Tarife für Ihre Art von Arbeit im Land Ihres Kunden prüfen. Wenn sie weit unter dem liegen, was Sie normalerweise berechnen, müssen Sie entscheiden, ob es Ihre Zeit und Mühe wert ist. Wenn die Tarife im Allgemeinen höher sind, können Sie möglicherweise mehr Geld bekommen, als Sie normalerweise verlangen. Und wenn Sie eine Dienstleistung anbieten, die Ihr internationaler Kunde in seinem Heimatland nicht ohne Weiteres erhält, können Sie oft deutlich mehr verlangen - wiederum vorausgesetzt, Sie bieten einen echten Mehrwert.

Wenn ich für Unternehmen in Japan berate, verlange ich oft Gebühren, die nordamerikanische Unternehmen niemals zahlen würden.

Warum? Weil ich für japanische Unternehmen ein Spezialist bin. Ich biete Fähigkeiten und Fachkenntnisse, die sie auf ihrem eigenen Markt nicht finden konnten. Sie hatten die Mittel, standen vor einer Herausforderung, die eine Lösung erforderte, und waren bereit, dafür zu bezahlen. Ich habe einfach ihren Bedarf gedeckt, indem ich die Lösung angeboten habe, nach der sie gesucht haben.

Recherchieren Sie den Markt, machen Sie sich mit der lokalen Tarifstruktur vertraut und bewerten Sie den Bedarf, den Sie decken. Auf diese Weise erhalten Sie einen Einblick, wie Sie Ihren internationalen Kunden etwas berechnen können.

TIPPS, WAS ZU VERMEIDEN IST

Unabhängig von der Preisstruktur, für die Sie sich entscheiden, können ein paar Dinge ganze Projekte von Anfang an zum Scheitern bringen. Ein großer Fehler, den viele neue Berater machen, ist, zu schnell auf unangenehme Fragen von Kunden zu antworten. Ich nenne sie giftig, denn wenn Sie sie zu schnell beantworten, können sie das Ende Ihres Projekts bedeuten, noch bevor Sie überhaupt angefangen haben.

Zwei der häufigsten Fragen, die Kunden an Berater stellen, sind:

- Wie lange wird es dauern, bis es abgeschlossen ist?
- Wie viel wird es kosten?

Einfache Fragen. So unschuldig sie auch erscheinen mögen, sie sind in Wirklichkeit ziemlich belastend.

Ich sage nicht, dass Ihr Kunde etwas falsch macht. Im Gegenteil, ich würde mir an seiner Stelle dieselben Fragen stellen.

Das heißt aber nicht, dass Sie sie sofort beantworten sollten.

Man könnte meinen, dass die Nichtbeantwortung dieser Fragen auf einen Mangel an Selbstvertrauen und Wissen hindeutet, doch das ist weit gefehlt.

Das klingt vielleicht kontraintuitiv, aber es ist so. Nehmen wir zum Beispiel an, dass Sie sich beeilen, die Frage Ihres Kunden zu beantworten. Sie sagen: "Es wird drei bis vier Wochen dauern, und ich glaube nicht, dass es zu viel kosten wird. Vielleicht 10.000 Dollar oder so."

Aber wenn Sie die Besprechung verlassen, wird Ihnen klar, dass Sie das Projekt auf keinen Fall in einem Monat abschließen können. Sie haben sich bereits für ein anderes Projekt verpflichtet. Und um die Arbeit richtig zu erledigen, müssen Sie eine weitere Person für ihre Hilfe bezahlen. Wahrscheinlich haben Sie vergessen, diesen Faktor in die Gleichung einzubeziehen.

Am besten sagen Sie Ihrem Kunden, dass Sie alle Informationen prüfen und sich bald wieder bei ihm melden werden. Idealerweise sagen Sie ihm, dass Sie sich am nächsten Tag melden werden.

So können Sie sich neu gruppieren und Ihre Gedanken sammeln. Überprüfen Sie Ihren Zeitplan. Gehen Sie das Budget durch und überlegen Sie, wie Sie das Projekt am besten berechnen und durchführen können.

Es ist nicht schlimm, wenn Sie sich einen Tag Zeit nehmen, um sich bei Ihrem Kunden zu melden.

Vermeiden Sie es jedoch, in Ihrer Antwort einen allgemeinen Zeitplan und ein Honorar zu nennen. Stellen Sie sicher, dass Sie einige der Notizen aus Ihrem Treffen darlegen und erläutern, wie die Investition des Kunden zu den gewünschten Ergebnissen führen wird.

Wenn Sie sich also jemals gedrängt fühlen, Ihrem Kunden zu antworten, nehmen Sie sich eine Minute Zeit zum Durchatmen und vergewissern Sie sich, dass Sie alle Fakten kennen, bevor Sie sich auf einen Zeitplan und ein Budget festlegen.

Eine andere Strategie, die ich als wirksam empfunden habe, besteht darin, Ihrem Kunden eine Spanne zu nennen.

Sie können sagen: "Weißt du, Joe, es wird etwa 75.000 bis 100.000 Dollar kosten, diese Ziele zu erreichen. Ist es das, was Sie sich vorgestellt haben?" Auf diese Weise können Sie schnell feststellen, ob der potenzielle Kunde mit

Ihnen auf einer Wellenlänge liegt. Wenn ja, großartig. Wenn nicht, ist es besser, dies frühzeitig zu wissen, damit Sie das Problem ohne Zeitverlust angehen können.

CHECKLISTE: BERATUNGSGEBÜHREN UND PREISE

□ Ich habe mir überlegt, wie viel ich jedes Jahr verdienen möchte.

□ Ich kenne die verschiedenen Gebührenstrukturen, die mir zur Verfügung stehen.

□ Ich habe darüber nachgedacht, wie ich wertorientierte Gebühren in mein Unternehmen einführen kann.

□ Ich verstehe den Nutzen einer Beratungsoption □ Ich werde einen Preisplan erstellen, den ich meinen Kunden anbieten kann.

Ich werde eine Erhöhung meiner Gebühren ernsthaft in Erwägung ziehen.

□ Ich verstehe die Gefahr, dass Eigenkapital einer Barzahlung vorgezogen wird.

□ Ich weiß, wie gefährlich es ist, wenn man sich zu einer Preisentscheidung gedrängt fühlt.

LEKTION 6: EFFEKTIVE VERTRÄGE UND ANGEBOTE

DER EINFACHSTE UND EFFEKTIVSTE WEG, UM VERTRÄGE UND ANGEBOTE ZUM ERFOLG ZU FÜHREN

Sowohl Verträge als auch Angebote sind wichtige Bestandteile fast jedes Beratungsprojekts. Für die einen sind sie ein notwendiges Übel. Für andere sind sie zu lästig, um Zeit mit ihnen zu verbringen, und sie scheinen wenig echten Nutzen zu bieten.

Jeder Berater hat seine eigene bevorzugte Art von Vertrag oder Angebot. Es hat wenig Sinn zu versuchen, alle möglichen Details, die diese Dokumente enthalten könnten, abzudecken, da jedes Projekt andere Bedingungen und Informationen erfordert.

Wir werden genau das behandeln, was Sie wissen müssen, um diesen Teil Ihres Geschäfts nicht nur einfach, sondern auch effektiv und wertvoll für Sie und Ihre Kunden zu gestalten.

ES GEHT NICHT UM DIE LÄNGE

Nachdem ich Unternehmen in über zwanzig Branchen beraten habe, kann ich Ihnen sagen, dass niemand einen langen, umständlichen Vertrag oder ein Angebot lesen möchte. In neun von zehn Fällen führen solche Dokumente nur zu weiteren Problemen.

Es gibt Fälle, in denen mehr als 40-seitige Angebote und Verträge benötigt werden, in der Regel für Regierungsarbeiten oder große Ausschreibungsprojekte. Mit Ausschreibungen für staatliche Projekte lässt sich eine Menge Geld verdienen. Ich war schon ein paar Mal an diesem Prozess beteiligt, aber ich bin bei weitem kein Experte. Aus diesem Grund werden wir diesen Bereich nicht im Detail behandeln. Wenn Sie mehr Informationen darüber wünschen, lassen Sie es mich wissen, und ich werde Ihnen die richtige Richtung weisen.

Nun zurück zu den Vorschlägen und Verträgen, die Sie in den meisten Situationen verwenden werden.

In meiner Branche verwende ich ein kombiniertes Angebot und einen Vertrag. Normalerweise sind es zwei Seiten, aber manchmal werden es auch drei. Der Grund dafür ist folgender: Die meisten Angebote, die sich seitenlang hinziehen, enthalten etwa 30 Prozent echten Inhalt, der Rest ist nur wiederverwendeter Fluff. Die Berater versuchen, das Angebot zu nutzen, um alles zu verkaufen, und es klingt dann wie ein Gebrauchtwagenverkäufer.

Kunden sind nicht dumm. Sie müssen nicht jedes Detail über Ihr Unternehmen noch einmal hören. Denken Sie daran, dass Sie sich zu diesem Zeitpunkt bereits mit ihnen getroffen haben, über den Wert gesprochen haben, den Sie bringen können, und darüber, wie Sie ihnen bei der Lösung ihres Problems helfen können.

Das Angebot und der Vertrag sollten nicht dazu dienen, einen potenziellen Kunden davon zu überzeugen, ein tatsächlicher Kunde zu werden. Wenn Sie ihm diese Dokumente aushändigen, sollte er bereits von Ihnen überzeugt sein. Sie sollten bereits ein Verkaufsgespräch geführt und grünes Licht erhalten haben.

Wofür sind diese Dokumente also da? Der Vorschlag wird verwendet, um zu skizzieren, was Sie während des Projekts tun werden. Er ist in leicht lesbare und verdauliche Informationsbrocken unterteilt. Sein Zweck ist es, dem Kunden auf dem Papier zu zeigen, welche Schritte Sie während des Projekts unternehmen werden, um ihm zu helfen, das Ergebnis zu erreichen, das Sie bereits besprochen haben.

VERSCHWENDEN SIE NICHT IHRE ZEIT

Berater, die Angebote erstellen und diese überall hinschicken, wenn jemand um einen Kostenvoranschlag bittet, verschwenden nur ihre Zeit.

Auch hier gilt: Der Vorschlag sollte nicht das Verkaufen übernehmen. Das ist Ihre Aufgabe, und das können Sie nur tun, wenn Sie sich mit dem potenziellen Kunden treffen. Erst wenn er Ihnen gezeigt hat, dass er wirklich an einer Zusammenarbeit interessiert ist, sollten Sie ihm ein Angebot schicken.

Zu diesem Zeitpunkt sollte der Kunde Sie bereits gefragt haben, wie hoch Ihr Honorar ist oder wie viel das Projekt kosten wird, und Sie sollten ihm bereits gesagt haben, was er erwarten kann. Die Aufgabe des Vorschlags besteht darin, das Gespräch zwischen Ihnen und dem potenziellen Kunden so zu destillieren, dass Sie beide auf derselben Seite stehen.

Die meisten Probleme in Beratungsprojekten werden durch mangelnde Kommunikation verursacht. Das beginnt in der Regel damit, dass der Kunde etwas anderes erwartet, als der Berater liefert.

Der Vorschlag hilft, dieses Problem zu lösen. Denn beide Parteien sind sich darüber im Klaren, was im Rahmen des Projekts geleistet wird, einschließlich Fragen wie Bezahlung, Zeitaufwand für das Projekt usw.

WAS IHR VORSCHLAG BEINHALTEN SOLLTE

Der Zweck Ihres Angebots besteht nicht darin, einen Auftrag zu gewinnen, sondern vielmehr darin, das Geschäft zu besiegeln. Der Auftrag sollte bereits erteilt worden sein, als Sie sich mit Ihrem Kunden trafen. Der Grund, warum Sie den Vorschlag und die Vereinbarung vorlegen, ist die Klärung und erneute Darlegung des Problems, mit dem Ihr Kunde konfrontiert ist und zu dessen Lösung Sie beitragen werden.

Vermeiden Sie es, neue Informationen aufzunehmen, denn Verwirrung auf Seiten des Käufers führt zu Untätigkeit. Ihr Kunde hat Ihnen bereits gesagt, worin seine Herausforderung besteht und wie er Ihre Hilfe benötigt. Wenn Sie Ihre Arbeit richtig gemacht haben, sollten Sie Ihren Kunden bereits qualifiziert haben und sich vergewissert haben, dass er den Umfang der für das Projekt erforderlichen finanziellen Investitionen kennt. Sie werden ihm noch keine genaue Zahl genannt haben, sondern nur eine ungefähre Schätzung, um sicherzustellen, dass er es ernst meint und dass Sie beide auf demselben Feld spielen. Wenn Sie versucht sind, Informationen aufzunehmen, die noch nicht mit dem Kunden besprochen wurden, fragen Sie sich: "Ist es für meinen Kunden von Nutzen, dies jetzt im Angebot zu sehen?" Wenn nicht, lassen Sie es weg.

Daher ist es nur angemessen, dass Ihr Angebot mit einer Vereinbarung verbunden wird, so dass das Projekt beginnen kann, sobald Ihr Kunde bestätigt, dass alles, was Sie besprochen und vereinbart haben, für beide Seiten klar ist. Es besteht keine Notwendigkeit, ein separates Angebot und eine Vereinbarung zu erstellen.

Im Folgenden finden Sie die Bestandteile eines erfolgreichen Vorschlags. Achten Sie beim Verfassen Ihres Vorschlags auf eine professionelle und leicht verständliche Sprache. Vermeiden Sie zu komplizierte juristische Formulierungen. Ein umgangssprachlicher Ton ist in Ordnung; es ist jedoch vorzuziehen, dass es sich wie ein solides professionelles Dokument liest. Denken Sie daran, dass der Käufer zu diesem Zeitpunkt bereits wissen sollte, was er zu erwarten hat, enthalten Sie also keine Überraschungen.

BESTANDTEILE EINES ERFOLGREICHEN VORSCHLAGS UND EINER VEREINBARUNG

PROJEKTÜBERSICHT

Im Abschnitt Projektübersicht stellen Sie den Kontext des Projekts dar. Dieser Abschnitt ist nicht dazu gedacht, Einzelheiten über das Unternehmen und die Geschichte Ihres Kunden zu erläutern. Nutzen Sie stattdessen die Gelegenheit, um das Problem, zu dessen Lösung Sie als Berater beitragen werden, noch einmal zu formulieren.

Der Projektüberblick sollte kurz und bündig gehalten werden. Im Allgemeinen bieten ein oder zwei Absätze ausreichend Platz, um das Problem zu beschreiben und darzulegen, wie Sie und Ihr Kunde vereinbart haben, dass Sie zur Lösung des Problems beitragen werden.

ZIELE

Im Abschnitt "Ziele" Ihres Vorschlags und Ihrer Vereinbarung legen Sie die Ziele für dieses Projekt fest. Sie müssen nicht zu spezifisch werden. Wenn Sie die Ziele zu spezifisch formulieren, werden Sie manchmal an Zahlen gebunden, die aufgrund von Änderungen im Projekt unerreichbar sind. Wenn Sie die Ziele zu spezifisch und niedrig ansetzen, kann es sein, dass alle, die sich auf Kundenseite für das Projekt engagieren, zu niedrige Ziele anstreben. Sie wollen, dass Ihre Mitarbeiter nach den Sternen greifen. Das heißt, wenn Sie die Ziele zu hoch und unrealistisch ansetzen, werden Sie es später bereuen, wenn Ihr Kunde sagt, Sie hätten die übereifrigen Ziele nicht erreicht.

Ihre Ziele können in Form von Aufzählungspunkten aufgelistet werden und könnten wie folgt aussehen:

- Steigerung des Umsatzes im Vergleich zum letzten Jahr.
- Verbesserung der Konversionsrate der Website des Unternehmens.
- Verkürzung der Markteinführungszeit um mindestens 25 %.

Machen Sie sich keine Gedanken über die Auflistung aller möglichen Ziele. Nehmen Sie nur die wichtigsten Ziele auf, die für das Projekt am wichtigsten sind und die Ihrem Kunden am meisten am Herzen liegen.

ERFOLGSMETRIKEN

Der Abschnitt Erfolgsmetriken in Ihrem Angebot und Ihrer Vereinbarung ist von entscheidender Bedeutung. Hier geben Sie noch einmal an, was Sie und Ihr Kunde vereinbart haben, wie das Projekt nach erfolgreichem Abschluss aussehen soll.

Welche Ergebnisse kann Ihr Kunde erwarten? Was wird sich verändert haben? Eine klare Definition gibt Ihnen und Ihrem Kunden ein konkretes Ziel vor, auf das sie hinarbeiten können, und macht deutlich, wann das Projekt enden soll.

Geben Sie in diesem Abschnitt Dinge an wie: "Ihre Kosten pro Lead werden erheblich gesunken sein", "das Unternehmen wird eine Reihe von Markenrichtlinien haben, die es befolgen muss" und "Sie werden mehr als doppelt so viel Werbung erhalten wie im Vorjahr".

KAPITALRENDITE

Während die Erfolgskennzahlen erläutern, worauf Sie und Ihr Kunde achten werden, um den erfolgreichen Abschluss des Projekts zu gewährleisten, weist der Abschnitt "Return on Investment" dem Projekt einen Wert zu.

Damit Ihr Kunde es besser rechtfertigen kann, gutes Geld für Sie als Berater auszugeben, können Sie hier zeigen, welchen Wert Sie für sein Unternehmen haben.

Sie könnten zum Beispiel angeben, wie viel Geld Sie dem Kunden in den nächsten 6 bis 12 Monaten einsparen werden. Vielleicht wird Ihre Arbeit dazu führen, dass ein Fertigungsprozess oder ein System effizienter und schneller wird, was Ihrem Kunden zusätzliche 300.000 Dollar einbringt.

Der Mehrwert, den Sie für jedes Projekt erbringen, ist unterschiedlich und hängt vom jeweiligen Kunden ab. Es sollte sich jedoch um eine signifikante Investitionsrendite handeln, damit Ihr Kunde die Notwendigkeit, Sie zu beauftragen, nachvollziehen kann.

OPTIONEN

Sobald Sie die Ziele, die Erfolgsmetriken und die Kapitalrendite festgelegt haben, ist es an der Zeit, Ihrem Kunden einige Optionen anzubieten. Wir haben dies im Abschnitt über die Preisgestaltung erörtert, aber es lohnt sich, dies im Zusammenhang mit Angeboten und Vereinbarungen noch einmal zu betrachten.

Bei Vorschlägen, die dem Kunden nur eine Option bieten, ist die Ablehnungsquote wesentlich höher. Wie ich bereits sagte, ist dieser Weg im Grunde so, als würde man dem Kunden sagen: "Entweder ich oder der Highway." Darauf werden die meisten von ihnen antworten: "Nein danke".

Es ist viel besser, dem Kunden zwei Optionen anzubieten. Wenn Ihrem Kunden jedoch keine der beiden Optionen zusagt, sind Ihre Chancen, den Vertrag abzuschließen, gering.

Untersuchungen zeigen, dass es am besten ist, wenn Sie Ihren Kunden drei Optionen anbieten. Bieten Sie ein Basis-, ein Standard- und ein erweitertes Paket an, um eine Reihe von Bedürfnissen abzudecken. Geben Sie ihnen interessante Namen, z. B. Bronze-, Gold- und Platinpaket.

Jede Option, die Sie Ihrem Kunden anbieten, sollte einen größeren Mehrwert bieten als die vorherige. Sie können auch optionale Komponenten oder Dienstleistungen anbieten, die zu jedem Paket hinzugefügt werden können, um den Wert zu erhöhen.

Bei jeder weiteren Option sollten Sie nicht nur mehr Wert bieten, sondern auch das Honorar erhöhen. Im Allgemeinen gilt: mehr Wert = höhere Gebühr. Neben jeder Option können Sie den Preis angeben, den ich lieber als "Investition" bezeichne.

Einige Berater geben die Gebühren neben jeder Option an, so dass der Kunde die Kosten leicht mit jedem einzelnen Paket in Verbindung bringen kann. Andere Berater setzen die Gebühren für jede Option in den Abschnitt "Bedingungen" des Vorschlags und der Vereinbarung, so dass die Kunden bei der Prüfung der einzelnen Optionen nicht auf den Preis achten. Stattdessen entscheiden sie, welche Option ihren Bedürfnissen am besten entspricht.

VERANTWORTLICHKEITEN

Der Abschnitt über die Zuständigkeiten wird in Vorschlägen oft ausgelassen. Auch wenn ein Großteil des Inhalts als Allgemeinwissen erscheinen mag, müssen Sie ihn angeben. Wenn während des Projekts ein Problem auftritt, z. B. wenn Ihr Kunde nicht rechtzeitig auf Ihre Anfrage antwortet, ist es im besten Interesse des Projekts, dass beide Seiten sich auf Ihre Vereinbarungen berufen können.

In diesem Abschnitt sollten Sie klären, wofür Sie als Berater zuständig sind und was Sie von Ihrem Kunden erwarten. Für Sie könnten das Dinge sein wie die Bereitstellung eines zusammenfassenden Berichts am Ende jeder Woche, die vertrauliche Behandlung aller Informationen, die Ihr Kunde mit Ihnen teilt, die Unterrichtung Ihres Kunden über alle Änderungen im Zeitplan des Projekts und die Beantwortung von E-Mails und Anrufen innerhalb von 24 Stunden.

Zu den Pflichten Ihres Kunden gehören u. a. die Zahlung innerhalb von sieben Tagen nach Rechnungsstellung, die Beantwortung Ihrer E-Mails oder Anrufe innerhalb eines Arbeitstages, die Gewährung des Zugangs zu allen für das Projekt benötigten Dokumenten und Unternehmensinformationen, die Übernahme aller Auslagen, die Entsendung eines Mitarbeiters des Kundenunternehmens, der Sie während des gesamten Projekts unterstützt, usw.

GARANTIE

Manche Berater verstecken ihre Garantie im Abschnitt "Bedingungen" ihres Angebots und ihrer Vereinbarung, doch ich glaube, sie verdient mehr Aufmerksamkeit. Die Erwähnung Ihrer Garantie in einem eigenen Abschnitt zeigt, dass Ihre Garantie stark ist; Sie sind stolz darauf und haben keine Angst, dahinter zu stehen.

In Ihrer Garantie kann stehen, dass Sie, falls Sie das Projekt nicht fristgerecht und innerhalb des Budgets abschließen, eine zusätzliche Leistung kostenlos erbringen werden. Oder Sie garantieren, dass Sie, falls Sie die mit Ihrem Kunden vereinbarten Ergebnisse nicht erreichen, so lange kostenlos für Ihren Kunden weiterarbeiten, bis diese Ergebnisse erreicht sind. Der Zweck Ihrer Garantie besteht darin, das Risiko, das Ihr Kunde bei der Beauftragung mit dem Projekt empfindet, zu verringern und, wenn möglich, zu beseitigen.

TERMS

Im Abschnitt "Bedingungen" geben Sie das Anfangs- und das voraussichtliche Enddatum des Projekts an. In diesem Abschnitt können Sie auch angeben, wie Sie die Zahlung erhalten möchten, ob eine Anzahlung erforderlich ist und ob die Zahlung zu bestimmten Zeiten während des Projekts erfolgen soll.

Wie im Abschnitt "Optionen" erläutert, sollten Sie, wenn Sie sich entschieden haben, Ihr Honorar (die Investition Ihres Kunden für jede Option) nicht einzubeziehen, die Kosten für jede Option hier deutlich angeben.

Hier können Sie auch alle anderen Informationen über das Projekt, eventuelle Stornierungs- oder Kündigungsgebühren oder Klauseln einfügen.

Aber ein Wort der Warnung: Je komplizierter Sie diesen Teil Ihres Vorschlags und Ihrer Vereinbarung gestalten, desto größer ist die Wahrscheinlichkeit, dass Ihr Kunde bei einer Sache nicht weiterkommt oder Beiträge von anderen Personen wünscht.

Es ist immer am besten, nur das aufzunehmen, was Sie für notwendig halten. Alles andere sollte weggelassen werden. Fassen Sie sich kurz und bündig.

UNTERSCHRIFTEN

Dies ist der letzte Teil Ihres Vorschlags und Ihrer Vereinbarung. Hier sollten Sie das Datum der Unterzeichnung des Dokuments angeben.

Wie bei den meisten offiziellen Vereinbarungen sollten Sie den Namen Ihres Unternehmens, Ihren Namen, den Namen des Unternehmens Ihres Kunden und den Namen Ihres Kunden angeben. Darunter sollten Sie Platz für Ihre beiden Unterschriften lassen.

Sie können auch Kontaktinformationen und Anweisungen angeben, wie Ihr Kunde das Dokument an Sie zurückschicken soll, z. B. per Fax an eine bestimmte Nummer oder per E-Mail an eine bestimmte Adresse.

Bevor Sie das Dokument an Ihren Kunden schicken, sollten Sie es unterschreiben. Sobald Ihr Kunde die Vereinbarung unterzeichnet und an Sie zurückgeschickt hat, müssen Sie nur noch mit dem Projekt beginnen.

CHECKLISTE: VERTRÄGE UND VORSCHLÄGE

☐ Ich verkaufe meinen Kunden bei einem persönlichen Treffen etwas vor und lasse mein Angebot den Abschluss machen.

☐ Ich weiß, wie wichtig es ist, meinen Vorschlag leicht verdaulich zu gestalten.

☐ Ich werde es vermeiden, neue Informationen in den Vorschlag aufzunehmen.

☐ Ich kenne und verstehe die wichtigsten Bestandteile eines wirksamen Vorschlags.

☐ Mein Angebot und mein Vertrag für die Kunden sind einfach und effektiv.

LEKTION 7: KUNDENENTWICKLUNG FÜR BERATER

DER WERT DER VERNETZUNG

Manche Menschen sind natürliche Netzwerker. Sie haben eine ausgeprägte soziale Kompetenz und lieben es, ins Gespräch zu kommen. Sie sind kontaktfreudig, so dass ihnen das Netzwerken leicht fällt.

Wenn Sie nicht zu diesen Menschen gehören - ich gehörte nicht immer dazu -, dann müssen Sie sich besonders anstrengen. Networking ist ohne Frage eine der besten Möglichkeiten, um Ihr Geschäft auszubauen.

Heutzutage bieten die meisten Städte wöchentliche Veranstaltungen an, die ein breites Spektrum an Branchen und Interessen abdecken. Finden Sie etwas, das zu Ihrem Fachgebiet passt.

Wenn Sie in einer kleinen Stadt leben und keinen Zugang zu solchen Offline-Veranstaltungen haben, können Sie Ihr Networking auch online beginnen. Werden Sie auf Websites aktiv, auf denen Sie mit anderen Mitgliedern interagieren können. Dazu können soziale Netzwerke, Blogs und andere Gemeinschaften gehören.

DIE BEIDEN WICHTIGSTEN ARTEN DER VERNETZUNG

Es gibt zwei Hauptarten der Vernetzung.

1. FÄHIGKEITEN AUFBAUEN:

Die erste ist die Vernetzung, um Ihre Fähigkeiten auszubauen. Ihr Ziel ist es, sich mit anderen zu umgeben, die in der gleichen Branche wie Sie tätig sind oder die das gleiche Ziel verfolgen.

Zu den Möglichkeiten gehören Treffen, Veranstaltungen und Online-Communities für Berater in bestimmten Bereichen wie PR, Marketing, soziale Medien und Management. Oder Sie können Netzwerke aufbauen, in denen Menschen aus verschiedenen Branchen zusammenkommen, aber alle das gleiche Ziel verfolgen. Zum Beispiel Marketinggruppen, Treffen zur Selbstentwicklung und so weiter.

All dies sind gute Möglichkeiten, andere Menschen mit ähnlichen Zielen und Interessen zu treffen.

Diese Art der Vernetzung hilft Ihnen, Ihre Fähigkeiten auszubauen, und macht Sie mit neuen Ideen, Strategien und Techniken vertraut, die bei anderen erfolgreich sind.

2. BAUGESCHÄFT:

Die zweite Art, die ebenso wichtig ist, ist die Vernetzung mit dem Ziel, Geschäfte zu machen. Zu den Gelegenheiten gehören Veranstaltungen, Seminare und andere Programme, an denen Ihre idealen Kunden teilnehmen.

Denken Sie daran, dass Sie dort sein wollen, wo Ihre Kunden sind.

Der Fehler, den die meisten Menschen bei diesen Veranstaltungen machen, besteht darin, dass sie den Aufbau von Beziehungen und die Generierung von Geschäften aus einer kurzfristigen Perspektive betrachten. Das heißt, sie nehmen nur dann an solchen Veranstaltungen teil, wenn sie aktiv auf der Suche nach neuen Geschäften sind. Infolgedessen kommen sie mit dem Ziel, etwas zu erreichen. Das ist unnatürlich, und potenzielle Kunden riechen das schon aus einer Meile Entfernung.

Beim Networking geht es nicht um sofortige Ergebnisse. Ganz im Gegenteil. Sicher, es gibt Fälle, in denen ich zu einer Geschäftsveranstaltung gegangen bin und dort einen neuen Kunden gewonnen habe, aber das passiert selten.

Wenn Sie Ihr Networking optimal nutzen wollen, sollten Sie eher an Branchenveranstaltungen als an "Networking"-Veranstaltungen teilnehmen.

Denken Sie an Verbände, Organisationen, Seminare und Präsentationen, die Ihre Kunden oder potenziellen strategischen Partner besuchen würden. Sie kosten oft ein bisschen Geld. Nicht viel, aber genug, um die Spinner auszusortieren.

Sie werden feststellen, dass die Menschen, die diese Veranstaltungen besuchen, dort lernen wollen, nicht nur um Kontakte zu knüpfen. Daher sind sie in der Regel authentischer. Die Art und Weise, wie Sie sie kennenlernen, wird realer sein, und es wird Ihnen viel leichter fallen, eine Beziehung zu den Menschen aufzubauen.

Die Sache ist die: Kontakte zu knüpfen ist extrem wichtig, aber es braucht Zeit. Wenn Sie zu einer Veranstaltung gehen und erwarten, dass Sie dort neue Geschäfte abschließen, werden Sie wahrscheinlich enttäuscht sein.

Trotzdem sollten Sie sich vornehmen, potenzielle Kunden oder Partner zu treffen und mit der Zeit Beziehungen zu ihnen aufzubauen. Wenn Sie das tun, werden Sie erste Ergebnisse sehen.

Je mehr Veranstaltungen Sie besuchen, desto mehr Beziehungen knüpfen Sie. Je mehr Beziehungen Sie knüpfen, vorausgesetzt, Sie pflegen sie (was sehr wichtig ist), desto mehr Möglichkeiten bieten sich Ihnen.

Das Ziel von Business-Networking ist es, echte Beziehungen aufzubauen. Diese brauchen Zeit, um sich zu entwickeln, aber sie zahlen sich auf lange Sicht aus.

GIB, GIB, UND DU WIRST EMPFANGEN

Die Vorstellung, dass man durch die Teilnahme an einer geschäftlichen Networking-Veranstaltung einen unmittelbaren Nutzen haben sollte, ist so, als würde man glauben, dass man einen Lottogewinn verdient hat, weil man ein Los gekauft hat.

Der wichtigste Grundsatz beim Networking ist das Geben. Wenn Sie durch den Raum gehen und sich den Leuten vorstellen, ist es Ihre Aufgabe, etwas über sie herauszufinden, und nicht, die Zeit damit zu verbringen, über sich selbst zu sprechen.

Es ist auf jeden Fall eine gute Idee, jeder Person, die Sie treffen, mitzuteilen, was Sie tun, und ihr Ihre Visitenkarte zu geben. Danach fragen Sie (oder fangen Sie mit einer Frage an), was sie tun. Versuchen Sie herauszufinden, wie ihr Geschäft läuft und welche Herausforderungen sie haben.

Ihr Ziel sollte es sein, Wege zu finden, wie Sie den Menschen, die Sie treffen, helfen können. Je mehr Menschen Sie helfen, indem Sie Informationen mit ihnen teilen, ihnen Geschäfte empfehlen oder sie auf andere Weise einführen, desto mehr haben Sie von der Beziehung. Und das ist der Grund:

Wenn jemand nett zu Ihnen ist, wenn er Ihnen aus Herzensgüte etwas gibt, haben Sie dann nicht das Bedürfnis, sich zu revanchieren? Ihnen etwas zurückgeben zu wollen? Die meisten Menschen tun das. Das ist ein sehr wirkungsvoller Ansatz, denn je mehr Menschen Sie treffen und je mehr Sie geben, desto mehr werden Sie zurückbekommen.

AUFMERKSAMKEIT UND INTERESSE WECKEN

Sie haben sich also entschlossen, an einer Networking-Veranstaltung teilzunehmen. Sie wissen, dass es Ihr Ziel ist, mehr Beziehungen aufzubauen, und Sie wissen, dass dies Zeit braucht. Wie sollten Sie sich am besten vorstellen? Was können Sie sagen, um die Aufmerksamkeit der Leute zu gewinnen?

Manche nennen dies den Elevator Pitch. Stellen Sie sich vor, Sie fahren mit einem potenziellen Kunden in einem Aufzug. Sie haben 10 bis 30 Sekunden Zeit. Wie können Sie seine Aufmerksamkeit und sein Interesse wecken? Was sollten Sie sagen?

Hier ist eine Formel, die Sie verwenden können:

Mit welcher Art von Unternehmen Sie arbeiten + Welches Ergebnis Sie für Ihre Kunden erzielen + Was Sie auszeichnet Zum Beispiel:

"Ich arbeite mit Technologieunternehmen zusammen und helfe ihnen, ihre Verkaufszahlen zu steigern und gleichzeitig ihre Werbekosten zu senken. Außerdem bezahlen mich meine Kunden nur, wenn sie Ergebnisse erzielen."

Ich weiß, das klingt etwas abgedroschen, aber es funktioniert. Sie müssen daran denken, dass Sie nicht einfach auf jemanden zugehen und dies ohne jeden Kontext sagen.

Normalerweise lernt man jemanden kennen, tauscht Namen aus und spricht über die Veranstaltung oder ein anderes allgemeines Thema. Irgendwann im Laufe des Gesprächs, hoffentlich nachdem Sie sich höflich nach dem Geschäft erkundigt haben, wird man Sie fragen, was Sie eigentlich machen. Das ist der Zeitpunkt, an dem Sie es ihnen sagen.

Lassen Sie uns die obige Formel aufschlüsseln und erklären, warum sie funktioniert:

Mit welchen Arten von Unternehmen Sie arbeiten: Unternehmen wollen Spezialisten. Wenn Sie ihnen zu Beginn sagen, dass Sie mit Unternehmen in ihrer Branche zusammenarbeiten, zeigt das, dass Sie bereits Erfahrung haben und wissen, was für sie wichtig ist.

Das Ergebnis, das Sie für Ihre Kunden erzielen: Den meisten Leuten ist es egal, wie groß oder klein Sie sind, jedenfalls nicht sofort. Was sie interessiert, sind Ergebnisse. Sagen Sie ihnen also, was Ihr Ziel ist - warum Unternehmen Sie beauftragen und wie Sie ihnen helfen können.

Was Sie auszeichnet: "Okay, Sie sind also Unternehmensberater. Toll! Es gibt eine Million anderer, die das Gleiche tun wie Sie. Was macht Sie anders?" Das ist es, was einem Geschäftsinhaber durch den Kopf geht. Überwinden Sie diesen Einwand und wecken Sie Interesse, indem Sie ihnen sagen, was Sie anders machen und warum sie sich dafür interessieren sollten.

Dies ist eine einfache Formel. Wenn Sie sich ein paar Minuten Zeit nehmen, um einige Ideen für sich aufzuschreiben und sie dann bei der nächsten Networking-Veranstaltung, an der Sie teilnehmen, in die Tat umsetzen, werden Sie von den Ergebnissen beeindruckt sein.

Die Aussage, die Sie mit dieser Formel erstellen, kann in jeder Situation verwendet werden, wenn Sie jemand fragt, was Sie tun, insbesondere wenn es darum geht, Empfehlungen zu bekommen. Lassen Sie uns das als nächstes angehen.

GEHEIMNISSE DER EMPFEHLUNGSBESCHAFFUNG

Fragen Sie einen erfolgreichen Berater, wie er seine Kunden gewinnt, und mehr als 90 Prozent von ihnen werden Ihnen sagen, dass sie durch Empfehlungen kommen.

Von einer Empfehlung spricht man, wenn jemand, sei es ein Freund, ein Familienmitglied, ein Bekannter oder ein Kunde, einen anderen potenziellen Kunden an Sie verweist.

Sie tun dies, weil sie Sie mögen, weil sie Sie respektieren, weil sie Ihnen vertrauen oder weil sie wissen, dass Sie die Arbeit erledigen und Ergebnisse liefern können. Manchmal sind es auch alle diese Gründe zusammen.

Der bei weitem wichtigste Grund ist, dass ein ehemaliger oder aktueller Kunde mit Ihrer Arbeit zufrieden ist, und wenn jemand fragt, ob er jemanden kennt, der ihm bei PR, Marketing oder Management helfen kann, wird Ihr Name genannt.

Empfehlungen sind nicht nur der häufigste Weg, um Aufträge zu erhalten, sondern auch der effektivste und billigste.

Sie sind am effektivsten, da Sie viel weniger tun müssen, um den neuen Kunden zu überzeugen, da der Empfehlungsgeber das meiste bereits für Sie getan hat. Und da sie nicht zu Ihrem Unternehmen gehören, sind sie auch glaubwürdiger. Denken Sie daran, dass externe Empfehlungen von zufriedenen Kunden immer glaubwürdiger sind als alles, was Sie sagen können. Das bedeutet, dass jede Empfehlung ein gewisses Maß an Vertrauen mit sich bringt, was Ihnen hilft, einen Verkauf schneller abzuschließen.

Sie sind am günstigsten, weil man in den meisten Fällen nicht viel Geld für Marketing ausgeben muss, um Empfehlungen zu erhalten.

WIE MAN EMPFEHLUNGEN ERHÄLT

Der beste Weg, um Empfehlungen zu erhalten, besteht darin, die Art der Empfehlungen, die Sie wünschen, sehr genau zu beschreiben.

In meinem zweiten oder dritten Jahr als Beraterin, nachdem ich von einer Beratungstätigkeit bei Unternehmen in Asien zurückgekehrt war, traf ich mich mit zahlreichen Geschäftsinhabern und erfolgreichen Unternehmern. Ich war hungrig nach Informationen, also fragte ich Familie und Freunde, ob sie jemanden kennen, mit dem ich mich treffen könnte, der an meinen Dienstleistungen interessiert sein könnte. Das war ein guter Schachzug, denn ich sagte meine Meinung und ließ verlauten, dass ich auf der Suche nach Empfehlungen war.

Dies führte zu mehreren Einführungen und Treffen. Bei jedem Treffen fragte der Unternehmer, mit dem ich zusammentraf, irgendwann: "Wie kann ich Ihnen helfen? Welche Art von Kunden suchen Sie?" Ich antwortete immer: "Ich habe mit Unternehmen aus vielen verschiedenen Branchen zusammengearbeitet, von der Technologie über Finanzdienstleistungen bis hin zur Pharmazie und mehr. Ich würde mich freuen, mit jeder Art von Unternehmen zu arbeiten."

Ich hatte doch alles im Griff, oder? Falsch. Mit dieser Art von Antwort kam ich nicht weiter. Die Geschäftsinhaber waren zwar bereit zu helfen, aber ich machte ihnen das Angebot schwer zu erfüllen.

Ich habe ihnen keine Anleitung gegeben oder ihnen die Richtung gewiesen, in die ich gehen wollte. Ich habe nicht auf die spezifische Art von Empfehlung abgezielt, die ich haben wollte. Die Geschäftsinhaber mussten versuchen, jedes ihnen bekannte Unternehmen zu durchforsten, eine Zahl, die in die Hunderte oder Tausende geht. Ihre Gehirne wurden mit Informationen überfrachtet. Das Ergebnis war ein kompletter Stillstand, ohne dass eine Empfehlung ausgesprochen wurde.

Nachdem ich meinen Fehler eingesehen hatte, ging ich zu den nächsten Treffen mit einer gezielteren Liste von Unternehmen, mit denen ich zusammenarbeiten wollte. Die Ergebnisse waren völlig anders. Ich hatte das Angebot so gestaltet, dass es leicht zu erfüllen war.

Auf der Grundlage unseres Gesprächs und der Art der Kunden, mit denen ich zusammenarbeiten wollte, konnten die Geschäftsinhaber einige Unternehmen nennen, die die Kriterien erfüllten.

ENTWICKLUNG VON VERWEISUNGSKRITERIEN

Um Ihre Kriterien einzugrenzen, stellen Sie sich Ihren idealen Kunden vor.

- Wie groß ist ihr Unternehmen? (denken Sie an den Umsatz und die
- Anzahl der Mitarbeiter) In welcher Branche sind sie tätig?
- Wo befinden sie sich?
- Welche Art von Unternehmenskultur gibt es dort?

Konzentrieren Sie sich anhand dieser Kriterien auf die Art von Unternehmen, denen Sie vorgestellt werden möchten. Auf diese Weise können Sie bei jedem Treffen mit jemandem fragen, ob er jemanden kennt, der zu Ihnen passt.

Auf diese Weise ist es viel einfacher, Empfehlungen zu erhalten. Je spezifischer Sie sein können, desto besser.

EINE SCHNELLE UND EINFACHE EMPFEHLUNGSSTRATEGIE, DIE FUNKTIONIERT

Wenn Sie Ihre Freunde, Verwandten und Kunden nur selten um Empfehlungen bitten, werden Sie genau das bekommen - unregelmäßige Empfehlungen. Wenn Sie jedoch eine formellere Empfehlungsstrategie entwickeln, werden Sie regelmäßig neue Empfehlungen erhalten, die Ihr Unternehmen wachsen lassen.

Eine der einfachsten und effektivsten Möglichkeiten, dies zu tun, besteht darin, ein Incentive-Programm zu entwickeln und es allen Ihren Kunden anzubieten.

Das Programm belohnt Ihre Kunden für jede Empfehlung, die sie an Sie weiterleiten. Dieses Konzept, auch Partnerprogramm genannt, wird von vielen Unternehmen erfolgreich eingesetzt. Zu wenige Berater nutzen es, aber die, die es nutzen, verzeichnen ein enormes Wachstum ihres Geschäfts.

Damit dies funktioniert, müssen Sie Ihre Kunden ständig auf das Programm aufmerksam machen. Erwähnen Sie es in Ihrem Newsletter und allen anderen Mitteilungen, die Sie an Ihre Kunden schicken. Es ist auch gut, wenn Sie Ihre Kunden in Gesprächen daran erinnern.

Bei dieser Art von Programm belohnen Sie Ihre Kunden jedes Mal, wenn sie jemanden an Sie verweisen. Die Belohnung kann ein Rabatt, ein Geschenkgutschein, eine Reise, Bargeld oder jede andere Art von Anreiz sein, von der Sie glauben, dass sie ihnen gefallen würde

Hier sollte es keine Ausnahmen geben. Zeigen Sie jedes Mal, wenn Sie eine Empfehlung erhalten, Ihre Wertschätzung und bedanken Sie sich. Wenn Sie das nicht tun, werden Sie wahrscheinlich keine Empfehlungen mehr erhalten. Menschen wollen wissen, dass das, was sie tun, wertgeschätzt wird.

Nehmen Sie ein paar dieser Empfehlungsstrategien und setzen Sie sie in Ihrem Unternehmen ein. Wenden Sie sie alle regelmäßig an, und machen Sie sich auf einen Strom neuer Kunden gefasst. Aber denken Sie daran, dass Empfehlungen nicht immer auf Anhieb kommen. Gehen Sie langfristig vor und machen Sie sich klar, dass Sie auf dem besten Weg zu großem Erfolg sind, wenn Ihr System erst einmal eingerichtet ist.

DER GRÖSSTE FAKTOR BEI DER GEWINNUNG NEUER KUNDEN

Der einfachste Weg, mehr Kunden zu gewinnen, ist zweifellos, ihnen zu zeigen, dass Sie Ergebnisse erzielen können, die für ihr Geschäft wichtig sind.

Die Straßen sind gesäumt von Beratern, die darüber reden, was sie tun, aber wenn man sie bittet zu zeigen, wie sie in der einen oder anderen Form messbare Ergebnisse für die Unternehmen ihrer Kunden erzielt haben, hört man nichts als Ausreden.

Deshalb müssen Sie ein Berater werden, der Ergebnisse vorweisen kann. Sobald Sie das tun, wird sich alles an Ihrem Beratungsgeschäft verbessern. Die Kunden werden schneller akzeptieren, was Sie sagen, sie werden schneller mit Projekten beginnen wollen und Sie häufiger weiterempfehlen.

Wenn Sie noch keine Erfahrung mit dem Erzielen von Ergebnissen haben, müssen Sie zunächst herausfinden, wie Sie dies erreichen können.

Sie können ein geringer bezahltes Projekt annehmen oder eine Pro-bono-Arbeit machen. Tun Sie, was immer Sie tun müssen, um zu beweisen, dass Sie Ergebnisse erzielen können!

Etwas, das Ihnen definitiv zu mehr Aufträgen verhelfen wird, ist die Beseitigung des Risikos, das Kunden bei der Zusammenarbeit mit Ihnen empfinden. Dies erreichen Sie, indem Sie eine Garantie anbieten, die Ihr Vertrauen in das Produkt oder die Dienstleistung, die Sie anbieten, zeigt. Je stärker Ihre Garantie ist, desto mehr verringern Sie das Risiko, das Ihr potenzieller Kunde empfindet, wenn er sich für oder gegen eine Zusammenarbeit mit Ihnen entscheidet.

Haben Sie Angst, dass die Leute Ihre Garantie tatsächlich in Anspruch nehmen könnten? Dazu möchte ich Ihnen zwei Gedanken mit auf den Weg geben. Erstens werden weniger Menschen, als Sie sich vorstellen können, nach einer Rückerstattung oder nach dem, was Sie in Ihrer Garantie anbieten, fragen, vor allem, wenn Sie gut sind in dem, was Sie tun. Zweitens: Wenn Sie nicht überzeugt sind von dem, was Sie anbieten, ist das eine gute Gelegenheit, sich zu fragen, ob Sie überhaupt das richtige Angebot haben.

Als ich zum ersten Mal darüber schrieb, wie wichtig es ist, dass Berater ihren Kunden Garantien anbieten, war der Markt noch weit offen. Kaum jemand hat es getan. Die Dinge haben sich geändert. Heutzutage bietet praktisch jedes Unternehmen eine Garantie an.

Ich zeige Ihnen, wie Sie eine Garantie so anbieten können, dass Sie sich auf dem Markt differenzieren und neue Beratungskunden und Projekte gewinnen.

Der bekannte Online-Vermarkter Glenn Livingston hat es am besten ausgedrückt (und vielleicht hat er jemand anderen zitiert): "Eine ECHTE Garantie sollte in der heutigen Zeit so stark sein, dass man sich übergeben muss."

Um sich auf dem Markt abzuheben, muss Ihre Garantie so stark und differenziert sein, dass sie das Risiko, das ein potenzieller Kunde empfinden könnte, vollständig ausschließt. Er muss denken und fühlen: "Ich habe nichts zu verlieren".

Die Garantie sollte sich auf das konzentrieren, was Ihren Kunden wichtig ist. Garantieren Sie nicht einfach einen Aspekt Ihres Geschäfts, den Ihre Kunden nicht schätzen.

Halten Sie die Garantie einfach. Je komplexer Sie sie gestalten, desto weniger aussagekräftig wird sie. Sie wollen, dass der Käufer sie auf Anhieb versteht.

Werben Sie für Ihre Garantie. Verstecken Sie sie nicht. Sie kann Ihnen einen großen Marketingvorteil verschaffen. Stellen Sie sicher, dass Sie regelmäßig mit Ihrem Kunden Rücksprachen halten, um das Projekt im Auge zu behalten und mögliche Probleme zu erkennen, bevor sie auftreten.

Einige Berater befürchten, dass Garantien riskant sind, und lehnen sie ab. Die Hauptsorge ist, dass jedes Projekt mit Variablen verbunden ist, auf die sie keinen Einfluss haben. Das heißt, selbst wenn sie ihr Bestes geben und ihre Arbeit einwandfrei ausführen, kann es sein, dass das Projekt nicht rechtzeitig fertig wird.

Die Sache ist die. Eine Garantie ist eine zweiseitige Vereinbarung, die Sie mit Ihrem Kunden treffen. Wenn Ihre Garantie besagt, dass Sie das Projekt jedes Mal pünktlich und im Rahmen des Budgets abschließen werden, dann stellen Sie sicher, dass dies auch davon abhängt, dass der Kunde seinen Verpflichtungen nachkommt und den vereinbarten Zeitplan einhält.

Garantieren Sie nicht für etwas, das Sie nicht kontrollieren können.

Risiko führt zu Zögern. Zögern erzeugt Zaudern. Nichts davon bringt Ihnen Geld. Die Beseitigung des Risikos schon. Machen Sie Ihre Garantie spezifisch und aussagekräftig, aber machen Sie daraus eine zweiseitige Vereinbarung. <u>Vermitteln Sie</u> Ihr Vertrauen, und beobachten Sie, wie Ihre Umsätze steigen.

NUTZUNG VON PARTNERSCHAFTEN ZUR GEWINNUNG NEUER KUNDEN

Bevor ich auf weitere Möglichkeiten zur Gewinnung neuer Kunden durch Marketing eingehe, möchte ich einen oft übersehenen Bereich ansprechen: Partnerschaften.

Als Berater werden Sie einen großen Teil Ihrer Zeit allein verbringen, aber das muss nicht so sein. Indem Sie Beziehungen zu anderen gleichgesinnten Fachleuten in Branchen knüpfen, die Ihre Branche ergänzen, eröffnen Sie sich das Tor zu vielen weiteren Projektmöglichkeiten. Zu diesen Fachleuten können Designer, Illustratoren, Druckereien, Programmierer, Werbetexter, Finanzexperten oder andere Marketingfachleute gehören.

Die Zusammenarbeit mit anderen an Projekten kann auf viele Arten funktionieren, und wenn Sie es richtig angehen, können Sie von allen profitieren.

1. SIE SIND ZENTRAL:

In diesem Fall ziehen Sie einen anderen Fachmann hinzu, um Ihren Kunden zusätzliche Dienstleistungen anzubieten, die Sie sonst nicht erbringen könnten. Auf diese Weise erhält Ihr Kunde einen größeren Nutzen, da der andere Fachmann ein Spezialist ist, und Sie sehen besser aus, da Sie Ihren Kunden effektive Dienstleistungen anbieten. Aber es geht noch besser.

Nehmen wir das Beispiel eines Marketingberaters, der auf Stundenbasis bezahlt wird. In diesem Fall berechnet er seinem Kunden 100 \$/Stunde. Der Kunde braucht eine neue Website, also kontaktiert der Marketingberater einen ihm bekannten Webentwickler und bietet ihm 75 \$ pro Stunde für die Entwicklung der Website an. Der Marketingberater teilt dem Kunden mit, wie viele Stunden er schätzungsweise benötigen wird, und der Kunde stimmt zu. Da es sich um Ihr Projekt handelt und Sie derjenige sind, der sich mit dem Kunden trifft und mit ihm verhandelt, behalten Sie zusätzlich 25 Dollar pro Stunde - die Differenz zwischen dem, was Sie verdienen, und dem, was Sie dem Webentwickler zahlen. Sie bieten Ihrem Kunden also nicht nur einen Mehrwert, sondern verdienen dabei auch noch mehr Geld. Eine Win-Win-Situation für alle.

2. SIE SIND ZENTRAL:

Betrachten wir am Beispiel des Marketingberaters und des Webentwicklers eine weitere Möglichkeit, wie diese Beziehung beiden Personen zugute kommen kann. Der Webentwickler, der auch als Website-Berater tätig ist, hat mehrere Kunden. Einer von ihnen braucht zufällig Hilfe bei seiner Marketingstrategie. Was glauben Sie, wen der Webentwickler/Berater anruft, um ihn ins Spiel zu bringen? Natürlich den Marketingberater.

Die Preisgestaltung könnte nun umgekehrt sein. Der Webentwickler/Berater könnte 10 bis 15 Prozent des Honorars des Marketingberaters übernehmen, da er derjenige ist, der die Einführung vorgenommen hat.

Der tatsächliche Betrag hängt von der Beteiligung ab. Wenn sie Sie nur vorstellen und sich dann zurückziehen, erhalten sie weniger. Wenn sie während der gesamten Zeit der Hauptansprechpartner für den Kunden sind und alle Zahlungen abwickeln, erhalten sie mehr.

3. BEIDE ZENTRALE:

In diesem letzten Beispiel für eine funktionierende Partnerschaft beschließen der Marketingberater und der Webentwickler, sich zusammenzutun und gemeinsam zu versuchen, neue Kunden zu gewinnen. Sie teilen sich die Verantwortung, aber jeder bringt seine eigenen Erfahrungen und Fähigkeiten mit ein.

Dies hat den Vorteil, dass größere Unternehmen, die große Projekte haben, manchmal nicht mit einem einzelnen Berater zu tun haben wollen und daher eher bereit sind, das Projekt zu vergeben, wenn sie ein Team dahinter sehen.

Unabhängig davon, welchen dieser drei Partnerschaftsansätze Sie wählen (vielleicht probieren Sie ja alle aus), sollte klar sein, dass dies eine großartige Möglichkeit ist, Ihr Unternehmen aufzubauen. Dies sollte Ihnen auch zeigen, wie wichtig Beziehungen sind, die in der Regel über Netzwerke aufgebaut werden.

Nichts davon wird über Nacht geschehen, aber wenn Sie sich vernetzen, um Empfehlungen bitten und mit Gleichgesinnten in Kontakt treten, kommen in der Regel große Dinge zusammen.

STRATEGIE DES AUFNAHMESTAATES UND DES BEGÜNSTIGTEN

Jay Abraham, einer der führenden Marketing-Vordenker unserer Zeit, lehrt eine äußerst wirkungsvolle Marketingstrategie, die er "Host-Beneficiary" nennt.

Ich möchte Ihnen ein Beispiel dafür geben, wie das funktioniert.

Sie betreiben ein Yogastudio (oder Sie beraten eines). Sie möchten Ihre Kundenzahl und Ihren Umsatz steigern, haben aber nur ein begrenztes Budget zur Verfügung.

So gehen Sie vor. Sie wissen, dass Ihr Massagetherapeut eine florierende Praxis führt. Sie sprechen ihn an und fragen ihn, ob er daran interessiert wäre, ein paar Tausend Dollar zusätzlich zu verdienen, ohne viel dafür tun zu müssen.

Wie kann das sein?

Sie schlagen Ihrem Massagetherapeuten vor, einen Brief zu verfassen, in dem Sie seinen Patienten einen großartigen Rabatt auf Yoga- und Meditationskurse anbieten, die ihnen helfen, Stress zu bewältigen und ihr

Wohlbefinden zu verbessern. Sie kümmern sich um den Brief, den Umschlag und das Porto. Das Einzige, was Ihr Therapeut tun muss, ist, die Adressetiketten seiner Kunden bereitzustellen.

Sie verschicken sie, und für jede Person, die sich anmeldet, schenken Sie Ihrem Therapeuten 100 Dollar.

Als Ergebnis des Mailings an 800 Kunden melden sich 100 Personen an. Sie zahlen Ihrem Therapeuten 10.000 $ und sind zufrieden, weil Sie wissen, dass der Lebenszeitwert jedes Kunden im Durchschnitt vier Monate bei 100 $/Monat beträgt.

Die Strategie des Aufnahmestaats kann in fast jeder Branche angewandt werden.

NACHFASSEN UND HARTNÄCKIG SEIN

Vielleicht liegt es an der Gesellschaft, in der wir heute leben. Online-Anzeigen, in denen behauptet wird: "Ich habe letzten Monat 3.000 Dollar verdient, indem ich nur zwei Stunden zu Hause in meinem Pyjama gearbeitet habe", sind inzwischen häufiger als gedruckte Zeitungen.

Ich habe kein Problem damit, dass alles digital und mobil wird. Was ich traurig finde, ist die Zahl der Menschen, die erwarten, dass alles sofort für sie funktioniert.

Neue Berater machen ein bisschen Marketing, stellen fest, dass es nicht funktioniert, und geben auf, um sich der nächsten Sache zuzuwenden, die für sie besser funktionieren muss, weil die erste offensichtlich nicht funktioniert hat.

Das ist verständlich. Heutzutage sind Informationen frei verfügbar und rund um die Uhr mit einem Mausklick oder einer Berührung des Bildschirms zugänglich.

Die Realität ist jedoch, dass Marketingerfolge selten sofort eintreten.

Marketing erfordert kontinuierliche und konsequente Bemühungen. Es braucht durchschnittlich sieben "Berührungen", um einen lauwarmen Interessenten in einen Kunden zu verwandeln.

Schauen wir uns ein paar häufige Situationen an:

- Sie schalten eine Anzeige, die nicht funktioniert, und geben sie auf.

- Sie verschicken eine E-Mail und rufen dann einmal nach. Sie sind zu beschäftigt, um mit Ihnen zu sprechen, also nehmen Sie nie wieder Kontakt mit ihnen auf.

- Sie erhalten eine Anfrage nach Informationen. Sie senden diese Informationen, melden sich aber nie, um zu sehen, wie Sie dem Interessenten helfen können.

Dies sind nur einige der vielen Situationen, in denen sich Berater befinden, und das unglückliche und wahrscheinliche Ergebnis ist, dass keine Aufträge erteilt werden.

Warum? Weil es keine kontinuierliche Weiterverfolgung gab. Kein System. Keine Kampagne. All das ist so, als würde man Salz und Pfeffer nehmen und sie blind in der Küche herumschütteln, in der Hoffnung, dass etwas davon in der Bratpfanne landet. Ein bisschen vielleicht, aber das meiste nicht.

Vor einigen Jahren lernte ich bei einem Geschäftsessen den Inhaber eines Dienstleistungsunternehmens kennen. Wir kamen ins Gespräch, und er fragte mich, was ich mache. Ich erzählte ihm, dass ich mit Geschäftsinhabern zusammenarbeite, um ihr Marketing zu verbessern und mehr Kundenkontakte für ihr Unternehmen zu gewinnen. Er war interessiert und sagte, dass er Hilfe gebrauchen könnte.

Ein guter Start und ein lohnendes Mittagessen, dachte ich.

Später fand ich heraus, dass eine andere Person, die ich bei diesem Mittagessen kannte, dem Geschäftsinhaber von meiner Arbeit erzählt und ein paar gute Worte gefunden hatte. Sie hatten bereits damit begonnen, die Räder für mich zu schmieren, auch wenn ich es nicht wusste.

Klingt wie eine einfache Geschichte über die Gewinnung eines neuen Kunden, oder? Falsch. Hinter dieser Geschichte steckt viel mehr. Nachdem der Geschäftsinhaber und ich uns unterhalten hatten, sagte ich ihm, dass ich mich wieder melden würde. Es gab zu viel gutes Essen und Trinken und zu viele andere Gesprächspartner, also verabschiedeten wir uns, und der Tag ging weiter.

Am nächsten Tag schickte ich dem Geschäftsinhaber eine E-Mail und ließ ihn wissen, dass wir einen Termin für ein Treffen vereinbaren könnten. Ich habe keine Antwort erhalten.

Es vergingen ein paar Tage, und immer noch nichts. Eine Woche später schickte ich ihm eine weitere E-Mail. Immer noch keine Antwort.

Für viele, die neu im Beratungsgeschäft sind, kann dies eine Zeit sein, in der sie sich selbst niedermachen. Nach dem ersten Gespräch sind Sie begeistert von der Aussicht, einen neuen Kunden zu gewinnen.

Aber so funktioniert es nicht.

Man lernt schnell, dass ein neuer Kunde erst dann ein neuer Kunde ist, wenn man seinen Scheck auf der Bank eingezahlt hat.

Zählen Sie nie Ihre Hühner, bevor sie geschlüpft sind. Es ist zu schmerzhaft und emotional anstrengend, sich über etwas aufzuregen, das noch gar nicht da ist.

Deshalb war ich nicht übermäßig besorgt, dass ich keine Antwort erhielt. Außerdem hatte ich schon genug andere Dinge zu tun.

Es dauerte noch ein paar E-Mails im Laufe eines Monats, bis wir unser erstes Treffen vereinbarten.

Eines Tages nahm ich den Hörer ab und rief den Geschäftsinhaber an. Viele Leute hätten erwartet, dass er sich über mein ständiges Nörgeln ärgern würde.
Für mich heißt das jedoch "Follow-up".

Und raten Sie mal, was passiert ist?

Er sagte: "Michael, danke für deinen Anruf und dass du mich nicht aufgegeben hast. Ich hatte so viel zu tun, aber wir wollten uns treffen und über unser Marketing sprechen.

Ein anderes Mal begann eines meiner Unternehmen damit, die Anzahl der Partnerschaften mit anderen großen Organisationen zu erweitern. Es gab eine bestimmte Organisation, die ich ansprechen wollte

Der Kontakt wurde aufgenommen. Ich rief sie an, und sie bekundeten ihr Interesse. Aber sie haben es mir nicht leicht gemacht. Obwohl sie Interesse bekundeten, fiel es mir schwer, das Geschäft abzuschließen.

Zehn E-Mails gingen hin und her. Ein paar weitere Anrufe quer durch das Land. Dann zehn weitere E-Mails. Versprechen wurden gemacht und gebrochen.

Mein Geschäftspartner sagte mir, ich solle es sein lassen, und ich habe vor vielen Jahren gelernt, dass er wahrscheinlich Recht hatte. In vielen Fällen muss man aufpassen, dass man sich nicht noch tiefer in ein Loch gräbt. Aber in dieser Situation hatte ich das Gefühl, dass ich es schaffen könnte, und so blieb ich hartnäckig.

Siebenundfünfzig E-Mails später war ich der Sache schon sehr nahe. Man sagte mir sogar, die Chefetage habe grünes Licht für den Deal gegeben. Ich wollte es nicht glauben, bis ich es sah. Ein paar Tage später erhielt ich eine E-Mail. Es war offiziell.

Im Nachhinein betrachtet wäre dieses Geschäft auf keinen Fall zustande gekommen, wenn ich nicht geduldig und beharrlich gewesen wäre. Hätte ich nach der dreißigsten E-Mail aufgegeben, hätte ich diesen großartigen neuen Kunden nicht an Land gezogen.

Wenn es sich um ein kleines Geschäft gehandelt hätte, hätte ich nicht so viel Zeit darauf verwendet. Aber 57 E-Mails und viele Anrufe später war das Geschäft erfolgreich abgeschlossen.

Es ist ganz einfach. Immer nachfassen.

Rufen Sie nicht jeden Tag an. Machen Sie sich nicht zu viel Mühe. Notieren Sie einfach in Ihrem Terminkalender, dass Sie sich immer wieder mit Menschen treffen, die Interesse an einer Zusammenarbeit mit Ihnen gezeigt haben. Sie werden begeistert sein von den positiven Auswirkungen, die dies auf Ihr Geschäft haben wird.

Wenn Ihr Marketing nicht die gewünschten Ergebnisse bringt, sollten Sie nicht aufgeben und die Sache auf sich beruhen lassen. Jeder Misserfolg (wenn Sie ihn so nennen wollen) kann und sollte in eine Lektion umgewandelt werden.

Fragen Sie sich selbst: Was kann verbessert werden? Warum hat das nicht geklappt? Was kann ich ändern?

Je mehr Mühe und Konzentration Sie in Ihr Marketing stecken, desto mehr werden Sie davon haben!

MEHR AUS DEN BESTEHENDEN KUNDEN HERAUSHOLEN

Die Gewinnung neuer Kunden ist nicht der einzige Schwerpunkt der Kundenentwicklung. Eine gute Möglichkeit, mehr Geschäft für Ihre Beratungspraxis zu generieren, besteht darin, mehr aus Ihrem bestehenden Kundenstamm herauszuholen.

Ein effektiver Weg, dies zu tun, besteht darin, das Geschäft Ihrer Kunden ständig zu studieren.

Je besser Sie wissen, mit welchen Herausforderungen sie konfrontiert sind, desto besser sind Sie in der Lage, neue Ansätze und Lösungen für ihre Probleme anzubieten.

Angenommen, Ihr Kunde hat einen neuen Workshop geplant. Vielleicht können Sie ihm bei der Organisation, der Anmeldung, dem Marketing oder der Nachbereitung helfen, je nachdem, was Ihr Fachgebiet ist.

Bevor die Ferienzeit naht, können Sie mit Ihrem Kunden über eine neue Idee sprechen, die Sie für eine besondere Werbeaktion haben.

Einige Berater entscheiden sich gegen diesen Ansatz. Sie wollen keine Kundenaufträge annehmen, die nicht direkt mit ihrem Fachgebiet zu tun haben. Das ist in Ordnung. Aber denken Sie daran, dass Sie diese zusätzliche Arbeit auslagern können, indem Sie andere Experten mit der Arbeit beauftragen, während Sie weiterhin eine Provision oder einen Finderlohn erhalten. Sie können diese Gelegenheit auch nutzen, um die Kompetenzen Ihres Unternehmens auszubauen, damit Sie die zusätzlichen Dienstleistungen auch anderen Kunden anbieten können.

Die meisten unabhängigen Berater brauchen nicht mehr als fünf bis zehn Kunden pro Jahr. Es gibt jede Menge Möglichkeiten, Ihren bestehenden Kunden zu helfen, mehr und besser zu tun, als sie es ohne Sie könnten. Ihre Aufgabe ist es einfach, ihnen zu helfen, diese Möglichkeiten zu finden und sie dann zu nutzen.

Seien Sie immer auf der Suche nach neuen Möglichkeiten.

HERAUSFORDERUNGEN BEI DER KUNDENENTWICKLUNG

Wenn Sie versuchen, neue Kunden zu gewinnen, könnten Sie auf ein paar Probleme stoßen.

Hier sind einige Dinge, die Sie beachten sollten.

IDENTIFIZIERUNG DES WAHREN KÄUFERS

Sie glauben, dass Sie gerade einen neuen Beratungskunden an Land gezogen haben. Sie haben sich mit der Marketingkoordinatorin eines mittelständischen Unternehmens getroffen, und sie hat Ihnen gesagt, dass sie mit ihrem Chef über Sie gesprochen hat und dieser an Ihren Dienstleistungen interessiert ist. Sie haben ein gutes Gefühl.

In der nächsten Woche gehen Sie in das Büro dieses Unternehmens, um sich zusammenzusetzen und die Dinge in Gang zu bringen. Die Marketingkoordinatorin empfängt Sie im Empfangsbereich. Sie führt Sie in einen Konferenzraum und schließt die Tür.

Sie beginnt, Fragen zu Ihren Fähigkeiten zu stellen. "Was können Sie für das Unternehmen tun? Wie viel werden Sie für Ihre Dienste verlangen? Mein Chef wollte auch, dass ich frage..."

Sehen Sie in diesem Szenario einen Fehler?

Ich hoffe es, denn es ist so. Dieser Berater hat sich auf ein Projekt eingelassen, das mit Sicherheit einige Herausforderungen mit sich bringen wird. Wahrscheinlich wird es ein Projekt werden, das der Berater bereut, wenn er es einmal angefangen hat.

Warum?

Denn der Berater hat einen großen Fehler gemacht - er hat es versäumt, den "wahren Käufer" zu identifizieren.

Der wahre Käufer ist nicht der Marketingkoordinator. Oft ist es nicht einmal der Manager. Es kann wirklich nur die Person sein, die die Schecks ausstellt oder die endgültigen Entscheidungen darüber trifft, ob der Berater bezahlt wird oder nicht. Wer ist diese Person? Es ist der Eigentümer, der Partner, der CEO oder der Präsident.

Wenn Sie als Berater nicht direkt mit der Person zu tun haben, die das Sagen hat, vergeuden Sie Ihre Zeit.

Die meisten von uns waren schon einmal in einer solchen Situation. Man steckt viel Arbeit in ein Projekt und hat dann das Gefühl, dass man vom Kunden im Kreis gedreht wird. Der Hauptgrund dafür ist, dass Sie nicht direkt mit dem Entscheidungsträger sprechen. Finden Sie heraus, wer der Entscheidungsträger im Unternehmen ist, und treffen Sie sich dann mit ihm. Führen Sie sie zum Mittagessen aus. Lernen Sie sie kennen. Bauen Sie eine Beziehung zu ihnen auf.

Sie sind diejenigen, die Sie zufrieden stellen müssen, diejenigen, die die Entscheidungen treffen. Diejenigen, die ihren Namen auf dem Scheck unterschreiben, mit dem Sie bezahlt werden.

Zu viele Berater versäumen es, sich mit dem tatsächlichen Käufer zu treffen. Sparen Sie sich Zeit und Stress, indem Sie dies sicherstellen.

TONNENWEISE LEADS, KEIN TATSÄCHLICHES GESCHÄFT

Es ist nicht ungewöhnlich, dass Berater und Freiberufler feststellen, dass ihre Pipeline voller Leads und potenzieller Kunden ist, obwohl nicht genug von diesen Geschäften abgeschlossen wird.

Stellen Sie sich einen Trichter vor, der vom breiten Ende her mit kleinen Murmeln gefüllt wird. Jede Kugel steht für einen potenziellen Kunden und ein Projekt. Sie wissen, dass die meisten dieser Kugeln am unteren Ende in Form eines Verkaufs herauskommen sollten, aber nichts bewegt sich.

Wenn Sie sich in dieser Situation befinden, ist es wichtig, die Faktoren zu analysieren, die dazu beitragen. Oft sind ein oder mehrere Probleme im Spiel. Sobald man sich mit den Problemen befasst, ist es, als hätte man die Murmeln eingefettet, und sie kommen schnell wieder aus dem Boden.

Im Folgenden finden Sie einige Strategien, die Ihnen dabei helfen, das Problem in Ihrem Verkaufszyklus zu erkennen, es zu beheben und Ihr Geschäft auszubauen:

HOUSTON, WIR HABEN EIN PROBLEM

Vielleicht haben Sie sogar mehr als einen. Es ist jedoch kein Problem *Ihres* Unternehmens. Es könnte ein Problem sein, das Ihr potenzieller Kunde hat. Sobald Sie es erkannt haben, können Sie Ihre Sprache und Ihre Kommunikation darauf ausrichten.

Um herauszufinden, was wirklich los ist und wie groß das Problem ist, schlägt der Berater und Autor Andrew Sobel vor, Fragen zu stellen wie: "Was kostet Sie das Problem im Moment?"; "Was wären die Konsequenzen, wenn Sie dieses Problem nicht beheben?"; "Was glauben Sie, was diese Gelegenheit für Ihr Unternehmen wert ist?"; "Welche anderen Probleme verursachen Sie?"; und "Würden Sie sagen, dass dies eine Ihrer zwei oder drei wichtigsten Prioritäten ist?" Sobald Sie herausgefunden haben, was das eigentliche Problem ist und welchen Wert es für Ihren potenziellen Kunden hat, sind Sie auf dem besten Weg, den Verkaufszyklus voranzutreiben.

EINEN WEG FREIMACHEN

Ein Fehler, den viele Berater begehen, ist, dass sie es versäumen, dem Kunden die einzelnen Schritte des Verkaufsprozesses klar darzulegen. Am Ende jedes Treffens müssen Sie den Kunden darüber informieren, was der nächste Schritt ist und wann er erfolgen wird. Außerdem ist es hilfreich, den Kunden Schritt für Schritt durch Ihren Verkaufsprozess zu führen. Sie können mit einer Analyse beginnen, dann zu einem Überprüfungsgespräch übergehen, dann eine Empfehlungssitzung mit einer Diskussion über die Investition abhalten und so weiter. Je besser Ihr potenzieller Kunde Ihren Prozess versteht, desto eher wird er ihn befolgen.

SIE SIND DIE AUTORITÄT

Berater werden oft mit Fragen zu ihrer Autorität konfrontiert. Wenn ein potenzieller Kunde kein volles Vertrauen in Sie hat, wird es ihm sehr schwer fallen, Sie zu beauftragen. Dies ist einer der Hauptgründe, warum Verkaufszyklen so lange dauern können. Wenn der Kunde nicht davon überzeugt ist, dass Sie eindeutig die beste Option sind, wird er den Kauf aufschieben. In dieser Situation müssen Sie alles in Ihrer Macht Stehende tun, um Ihren potenziellen Kunden aufzuklären und ihm einen Mehrwert zu bieten, um ihm zu beweisen, dass Sie eine Autorität sind, dass Sie Ergebnisse erzielen und dass er Ihnen vertrauen kann. Denken Sie an Fallstudien, Zeugnisse, Berichte und Demonstrationen.

DEN TISCH VERKLEINERN

Wenn Sie schon einmal an einem Vorstandstisch gesessen haben und das Gefühl hatten, dass zu viele Leute anwesend sind, wissen Sie, worauf ich mit diesem Punkt hinaus will. Wenn Sie einen potenziellen Kunden durch den Verkaufszyklus führen, ist es entscheidend, dass Sie direkt mit dem

Entscheidungsträger sprechen. Jeder, der nicht anwesend sein muss, sollte es im Idealfall auch nicht sein. Wenn sie einen Mehrwert für das Gespräch und den Prozess bieten können, sollten Sie ihren Beitrag und ihre Anwesenheit wertschätzen. Wenn nicht, konzentrieren Sie Ihre Energie darauf, direkt mit dem Entscheidungsträger zu sprechen. Sie werden feststellen, dass sich der gesamte Verkaufszyklus beschleunigt, sobald Sie mit der richtigen Person sprechen und sich mit ihr auf die gleiche Seite begeben.

EINWÄNDE BESEITIGEN

Manchmal kann eine einfache Frage sehr aussagekräftige Informationen liefern. Zum Beispiel: "Was müssen wir bereit haben, damit wir Anfang nächsten Monats mit diesem Projekt beginnen können?" Das Ziel ist es, herauszufinden, was die wirklichen Einwände Ihres potenziellen Kunden sind. Dann können Sie herausfinden, wie Sie diese Einwände ausräumen und einen klaren Weg finden, um das Projekt zu gewinnen.

WARUM EILIG?

Wenn es keine Verknappung gibt, hat Ihr potenzieller Kunde keinen Grund, schnell zu handeln. Knappheit muss nicht unbedingt ein zeitlich begrenztes Angebot sein. Es kann etwas so Einfaches sein wie: "Wir können im nächsten Monat nur zwei neue Projekte annehmen, wenn Sie das also bald machen wollen, sollten Sie sich beeilen. Oder die Verknappung kann sich mehr auf das Unternehmen beziehen. "Wie viel kostet dieses Problem Ihr Unternehmen jeden Tag, an dem es nicht gelöst wird?" Wenn es sich um ein großes Problem handelt, ist es wichtig, eine Lösung zu finden und sie so schnell wie möglich umzusetzen.

Indem Sie Ihren aktuellen Verkaufszyklus und Ihren potenziellen Kunden betrachten und sich auf jeden dieser Punkte beziehen, können Sie die aktuellen Hindernisse auf Ihrem Weg aufdecken, sie beseitigen und auf dem besten Weg sein, mehr Verkäufe abzuschließen.

ZEHN DINGE, DIE KUNDEN HASSEN UND WIE MAN SIE VERMEIDEN KANN

Andrew Sobel, ein angesehener Berater und Autor, schrieb einen Artikel über "Dinge, die Kunden hassen". Die Lektionen, die er mitteilte, sind so wertvoll, dass ich die zehn wichtigsten auflisten wollte, zusammen mit meinen Anmerkungen zu jedem einzelnen. Ich gehe in meinem Buch auf einige dieser Punkte ein, aber dies kann eine gute Checkliste für Ihr Unternehmen sein.

1) **Ein allgemeiner Ansatz** - Wenn Sie auf einen Kunden zugehen, informieren Sie ihn über Ihre Beratungsdienste und wie Sie ihm helfen können. Passen Sie die Informationen an den Kunden an oder verwenden Sie Ihre eigenen Materialien? Wenn letzteres der Fall ist, könnte dies auf Ihre Kunden als allgemein erscheinen und zeigt ihnen nicht, dass Sie sich für IHR Geschäft interessieren.

2) **Overselling** - Es ist gut, eifrig und entschlossen zu sein, hart zu arbeiten und mehr Beratungskunden zu gewinnen. Der Versuch, einen Verkauf beim ersten Treffen mit einem potenziellen Kunden zu forcieren, ist schlecht. Lernen Sie Ihren potenziellen Kunden kennen, bevor Sie versuchen, ihn zu verkaufen.

3) **Lange Präsentationsfolien** - Muss ich dazu wirklich viel sagen? Halten Sie Ihre Präsentationen kurz und auf den Punkt. Gestalten Sie sie visuell und halten Sie sie mit wenig Text aus. Sehen Sie sich die Präsentationen von Guy Kawasaki oder Seth Godin an, um gute Beispiele zu finden.

4) **Sofortige Geschäftsanbahnung** - Ähnlich wie bei Nummer zwei, aber etwas anders. "Wenn Sie sich mit einem potenziellen Kunden treffen, müssen Sie eine langfristige Perspektive haben. Sie müssen die Einstellung haben, dass es großartig ist, wenn etwas kurzfristig klappt, aber wenn nicht, ist das auch in Ordnung", sagt Sobel.

5) **Keine Rücksicht auf ihre Zeit** - Dies geht über das verspätete Erscheinen zu Kundenterminen hinaus. Hier geht es um den Respekt vor der Zeit im Allgemeinen. Zeit ist ein kostbares Gut. Gehen Sie in die Besprechung, sagen Sie, was gesagt werden muss, konzentrieren Sie sich auf das Ziel

der Besprechung und gehen Sie wieder. Lassen Sie die Dinge nicht in die Länge ziehen.

6) **Übertreibung** - Dies ist ein schwieriges Thema. Es geht darum, Ihrem Kunden keine Dienstleistungen zu verkaufen, die Sie nicht beherrschen. Das eröffnet Raum für ein schlechtes Ergebnis und kann Ihrem Ruf als Fachmann schaden. Ich empfehle, sich mit anderen Experten zusammenzutun und Ihren Kunden über diese Allianzen zusätzliche Dienstleistungen anzubieten und zu liefern. Auf diese Weise generieren Sie mehr Aufträge, halten aber die Qualität durchgängig auf Expertenniveau.

7) **Überraschungen** - Sie sind nett an Geburtstagen, aber im Allgemeinen nicht in Geschäftssituationen. Wenn es schwierige Probleme zu bewältigen gibt, warten Sie nicht bis zur letzten Minute, um Ihrem Kunden die schlechte Nachricht mitzuteilen. Seien Sie immer proaktiv und offen. Kunden hören schlechte Nachrichten nicht gern, aber sie hassen es, sie in letzter Minute zu erfahren. Das gibt ihnen einen Grund, an Ihnen zu zweifeln und das Vertrauen in Sie zu verlieren.

8) **Über ihren Kopf hinweg handeln** - Wenn Sie eine Meinungsverschiedenheit mit Ihrem Kunden haben, versuchen Sie nicht, heimlich die Karriereleiter zu erklimmen, um das Problem mit seinem Chef zu besprechen. Ich schlage vor, nur mit dem Chef zu sprechen, damit solche Probleme nicht auftauchen, aber wenn Sie mit jemandem zusammenarbeiten, der auf der Hierarchieebene weiter unten steht, ist es in Ihrem besten Interesse, das Problem zu lösen, und wenn Sie es immer noch nicht gemeinsam schaffen, schlägt Sobel vor, dass Sie gemeinsam mit dem Chef sprechen.

9) **Schlecht aussehen lassen** - Dazu gehören Dinge wie die Ablenkung der Schuld für ein negatives Ergebnis, das Versäumen von Fristen und eine schlechte Kommunikation. Zusammenfassend kann man sagen: Seien Sie professionell!

10) **Nicht liefern** - darüber spreche ich im Consulting Success System sehr viel. Die Lieferung des Ergebnisses, auf das Sie sich mit Ihrem Kunden geeinigt haben, ist zweifellos der wichtigste Aspekt eines jeden Projektauftrags. Sie können ein großartiger Mensch sein, aber wenn Sie nicht liefern, geben Sie Ihrem Kunden einen Grund, Ihre Dienste nicht

mehr zu benötigen. Liefern Sie, was Sie versprochen haben, und Sie werden Empfehlungen erhalten und sehen, wie Ihr Geschäft wirklich abhebt.

CHECKLISTE: KUNDEN FINDEN

☐ Ich nehme an Networking-Veranstaltungen teil (oder werde teilnehmen).

☐ Ich werde bei diesen Veranstaltungen daran arbeiten, Beziehungen aufzubauen, und nicht nur am Verkauf.

☐ Ich weiß, dass wertvolle Beziehungen Zeit brauchen, um sich zu entwickeln. Ich werde versuchen, Menschen, die ich treffe, mit anderen, die ich kenne, in Kontakt zu bringen und zu vermitteln.

☐ Ich habe einen effektiven Elevator Pitch und habe ihn geübt.

☐ Ich habe meine Überweisungskriterien entwickelt und werde mich um weitere Überweisungen bemühen.

☐ Ich weiß, wie ich Partnerschaften zum Aufbau meines Unternehmens nutzen kann.

Ich ☐ weiß, dass Beharrlichkeit notwendig ist, und werde Kontakte und Empfehlungen effektiv weiterverfolgen.

☐ Ich werde mich darauf konzentrieren, wie ich das Beste aus den bestehenden Kunden herausholen kann.

Ich ☐ werde meinen wahren Käufer und die Probleme in meinem Verkaufszyklus identifizieren, die einen Mangel an Kunden verursachen könnten.

Ich werde eine Checkliste mit den Dingen erstellen, die die Kunden nicht mögen und die mir Aufträge kosten können.

LEKTION 8: MARKETING-BERATUNGSDIENSTE

IHRE IDEALEN KUNDEN GEWINNEN

Für die meisten Berater, die neu anfangen, ist es am schwierigsten, einen stetigen Strom von Kunden zu bekommen. Aber das muss nicht sein. Das sollte es auch nicht.

Es ist verständlich, warum dies geschieht. Die meisten Berater wissen nicht, wo sie anfangen sollen. Wo können sie die richtigen Kunden finden, und was sollen sie ihnen sagen, um sie für sich zu gewinnen? Auf diese und weitere Fragen gebe ich in diesem Teil des Buches Antworten.

SIND SIE VORBEREITET?

Es gibt viele Formen der Werbung, mit denen Sie Tausende von Menschen erreichen können, die einen Berater in Ihrer Branche suchen. Sie können Google AdWords und gezielte Direktwerbung nutzen, um nur zwei zu nennen. Vor die Leute zu kommen, ist der einfache Teil.

Zu wenige Berater widmen ihrem eigenen Marketing genügend Zeit und Aufmerksamkeit. Je mehr Sie in Marketing und Verkauf investieren - vorausgesetzt, Sie tun die richtigen Dinge -, desto mehr werden Sie davon haben.

Ein Freund bat mich um ein Treffen mit seinem Schwager, einem Geschäftsmann und Berater, um meine Meinung zu seinem Geschäftsplan einzuholen.

Wir verabredeten uns in einem Café in der Nähe meines Zuhauses, gleich hinter der Brücke.

Wir hatten ein gutes Gespräch bei starkem Kaffee. Dieser Mann hatte schon viel erreicht. Er hatte an vielen Orten in der Welt gearbeitet und konnte eine lange Liste von Kunden vorweisen. Jetzt, zurück in der Stadt, setzte er alles daran, das nächste Kapitel seines Unternehmens zu einem Erfolg zu machen.

Er erzählte mir alles über seine Pläne. Er schien zuversichtlich, dass er das Zeug dazu hatte, erfolgreich zu sein. Er hatte es schon einmal geschafft, also könnte er es sicher wieder schaffen, dachte er.

Ich habe ihm einige Ratschläge zu seinem Marketingplan gegeben.

Aber als ich ihn das nächste Mal traf, war er gerade dabei, seine Sachen zu packen. Klappte seine Karten zusammen.

Er sagte mir, er wolle eine Vollzeitstelle. Er kam mit der Instabilität eines Beraterjobs nicht zurecht.

Ich hatte nicht vor, zu versuchen, ihn vom Gegenteil zu überzeugen. Ich konnte in seinen Augen sehen, dass er sich bereits entschieden hatte, aber ich musste wissen, warum es für ihn nicht klappte.

Als er mir von den Maßnahmen, die er ergriffen hatte, und den Herausforderungen, mit denen er konfrontiert war, erzählte, wurde eine Sache klar. Er mochte gut sein in dem, was er tat, aber er vermarktete sich und seine Dienstleistungen nicht ausreichend. Damit ist er nicht allein. Mangelnde Marketingfähigkeiten zur Gewinnung neuer Kunden und Geschäfte sind eines der größten Probleme, mit denen Berater konfrontiert sind.

Wenn Sie sich jemals so gefühlt haben, sind Sie nicht allein. Die Vermarktung und der Verkauf Ihrer Dienstleistungen ist ein wesentlicher Bestandteil Ihres Unternehmens.

Bevor Sie mit Ihren Marketingaktivitäten beginnen, müssen Sie sich vorbereiten, denn sobald Sie den ersten Kontakt mit einem potenziellen Kunden herstellen, wird dessen Eindruck von Ihnen geprägt. Und wenn dieser Eindruck nicht gut ist, werden Sie es schwer haben, seine Aufmerksamkeit zurückzugewinnen.

WIE KÖNNEN SIE ALSO VORBEREITET SEIN? STELLEN SIE SICH DIESE FRAGEN:

1) Haben Sie definiert, wodurch Sie sich von anderen auf dem Markt unterscheiden?

2) Haben Sie in der einen oder anderen Form Ergebnisse erzielt, mit denen Sie Ihre Fähigkeiten unter Beweis stellen können?

3) Haben Sie die Dienstleistungen, die Sie anbieten können, klar aufgelistet und wie sie dem Kunden zugute kommen?

4) Kennen Sie die Branche oder die Probleme der Unternehmen, die Sie auf Ihrem Markt ansprechen wollen?

5) Können Sie klar erklären, wie Sie Ihre Dienstleistungen bepreisen und welchen Wert Sie bieten, der die Kosten rechtfertigt?

6) Sind Sie bereit, etwas Geld auszugeben? Die meisten Berater geben nicht sehr viel für die Werbung für ihr Unternehmen aus. Das ist in Ordnung, wenn Sie bereits etabliert sind und eine starke Präsenz auf dem Markt haben. Aber wenn Sie das nicht haben, müssen Sie bereit sein, etwas Geld für Marketing und Werbung auszugeben. Es muss nicht viel sein, aber das Sprichwort "man braucht Geld, um Geld zu verdienen" trifft zu.

Dies sind die Fragen, die Sie beantworten müssen, bevor Sie mit Ihrer Vermarktung beginnen. Andernfalls werden Ihre Bemühungen weitgehend umsonst sein. Wenn Sie vorbereitet sind, sind Sie gut gerüstet, um mit potenziellen Kunden ins Gespräch zu kommen.

SUCHE NACH NEUEN KUNDEN

Das Geheimnis, wie man neue Kunden findet, haben wir schon einmal besprochen: Konzentration.

Versuchen Sie nicht, ohne echte Kriterien für jede Branche zu werben. Dieser "Schrotflinten-Ansatz" führt selten zu den gewünschten Ergebnissen.

Erstellen Sie stattdessen eine Liste von Wunschkunden.

UM DIESE LISTE ZU ERSTELLEN, WÄHLEN SIE ZUNÄCHST:

- Eine Branche, die Sie ansprechen möchten
- Ein Ort, den Sie anvisieren möchten
- Größe des Unternehmens, das Sie ansprechen möchten (entweder nach Mitarbeitern oder nach Umsatz)

Diese drei Kriterien sind ein guter Startpunkt. Sie können dann einen Dienst wie SalesGenie.com nutzen, um eine Liste von Unternehmen zu erhalten, die Ihren Vorstellungen entsprechen. Auf Websites mit Unternehmensinformationen wie SalesGenie finden Sie auch alle Kontaktinformationen, die Sie benötigen, um Ihre Wunschkunden zu kontaktieren.

Wenn Sie nur ein begrenztes Budget zur Verfügung haben, können Sie die meisten Ihrer Recherchen online durchführen oder in Ihrer örtlichen Bibliothek eine Liste mit fünfzig bis hundert Unternehmen erstellen, die Sie als Traumkunden in Betracht ziehen würden.

Warum sollten Sie nur fünfzig bis hundert Unternehmen auswählen und den Rest vergessen? Weil die meisten Berater nicht in der Lage sind, mit mehr als fünf bis zehn Kunden auf einmal zu arbeiten. Müssen Sie sich wirklich um tausend Kunden bemühen? Nein, natürlich nicht.

Außerdem ist es sehr viel teurer, sich regelmäßig an Hunderte oder Tausende von Unternehmen zu wenden.

DAS MARKETINGGEHEIMNIS DER SIEBEN

Ist Ihnen aufgefallen, dass ich "regelmäßig" gesagt habe? Richtig, die Vorstellung, dass man einmalig Marketingmaterial an eine Reihe von Unternehmen verschicken und sie als zahlende Kunden gewinnen kann, ist ein Mythos.

In 90 bis 95 Prozent der Fälle führt Ihre erste Marketingkommunikation mit einem potenziellen Kunden zu KEINEM neuen Geschäft. Es ist sogar erwiesen, dass es sieben oder mehr Kontakte braucht, um einen potenziellen Kunden in einen zahlenden Kunden zu verwandeln.

Hier sind einige interessante Daten von Berater und Autor Grant Hicks.

- 5-10 Prozent Chance, dass eine Person nach einem Kontakt zu einem Kunden wird.
- 10-20 Prozent Chance, dass eine Person nach zwei Kontakten zum Kunden wird.
- 20-30 Prozent Chance, dass eine Person nach drei Kontakten ein Kunde wird.
- Die meisten Berater geben nach drei Versuchen auf.
- 30-40 Prozent Chance, dass eine Person nach vier Kontakten zum Kunden wird.
- 50-70 Prozent Chance, dass eine Person nach fünf Berührungen ein Kunde wird.
- Die Zahlen steigen nach fünf Berührungen an.
- 70-80 Prozent Chance, dass eine Person nach sechs oder sieben Kontakten zum Kunden wird.
- Insgesamt entstehen 50-80 Prozent aller neuen Geschäfte nach dem fünften, sechsten und siebten Kontakt.

Und hier liegt der große Fehler, den die meisten Berater machen. Sie schalten eine Anzeige, versenden eine SMS oder eine E-Mail oder schicken ein paar Broschüren mit der Post und erwarten, dass die Telefone klingeln.

Das ist in der Regel nicht der Fall, und der Berater beschließt, dass das, was er getan hat, nicht funktioniert, also gibt er auf und hört entweder mit dem Marketing auf oder gibt das Schiff schnell auf. Ein großer Fehler.

Hier ein paar weitere interessante Fakten:

- 40-50 Prozent der Berufstätigen rufen einmal an und melden sich nie wieder.
- 25-40 Prozent nehmen ein zweites Mal Kontakt zu einem potenziellen Kunden auf, und das war's.
- 10-20 Prozent nehmen dreimal Kontakt zu ihnen auf und bleiben dann stehen.
- 5-10 Prozent nehmen fünfmal oder öfter Kontakt mit Menschen auf, bevor sie mit ihnen ins Geschäft kommen, und sind sehr erfolgreich, indem sie in 70-80 Prozent der Fälle neue Kunden eröffnen und zu den besten 5-10 Prozent der Fachleute gehören.

Ist es nicht eine Schande, dass die meisten Vermarkter nach nur 2 oder 3 Versuchen, neue Kunden zu gewinnen, aufgeben?

Wenn Sie die Liste Ihrer Wunschkunden in der Hand haben, sollten Sie eine siebenstufige Kampagne erstellen, um sie anzusprechen. Und da Sie sich nur auf fünfzig bis hundert Unternehmen konzentrieren, sind die Kosten für eine solche Kampagne viel überschaubarer.

Ihre Kampagne könnte zum Beispiel folgendermaßen aussehen:

1) Versenden Sie eine Postkarte mit einem Angebot für einen kostenlosen Bericht

2) Senden Sie eine weitere Postkarte. Diesmal können Sie eine Überschrift ändern oder einen anderen Vorteil des Berichts herausstellen.

3) Sie könnten ein kleines Päckchen mit einem kleinen Geschenk oder Spielzeug verschicken, um ihre Aufmerksamkeit zu erregen. Sprechen Sie wieder über den Bericht oder darüber, wie Sie ihnen helfen können.

4) Vielleicht haben sie sich für Ihren kostenlosen Bericht angemeldet. Jetzt können Sie ihnen eine Folge-E-Mail schicken, in der Sie ihnen für den Download danken.

5) Rufen Sie eine Woche später noch einmal an und fragen Sie, ob sie noch Fragen haben. Versuchen Sie, einen Termin für ein Treffen mit ihnen zu vereinbaren.

6) Vielleicht können Sie den Top-Mitarbeitern des Unternehmens ein kostenloses Seminar anbieten, um ihnen auf lehrreiche Weise zu zeigen, was Sie für sie tun können.

7) Mit einer weiteren E-Mail oder einem Brief per Post könnten Sie den Vorschlag für einen Termin noch einmal aufgreifen.

Sie denken wahrscheinlich, dass das zu aufdringlich klingt. Ist es aber nicht. Man nennt es effektives Marketing. Und vielleicht müssen Sie Ihre effektive Marketingstrategie sogar über diese sieben Schritte hinaus ausbauen, um mit dem Kunden ins Geschäft zu kommen. Aus diesem Grund habe ich einen einjährigen Marketingplan beigefügt.

Tun Sie dies bei jedem potenziellen Kunden, den Sie treffen, und Ihr Unternehmen wird meiner Erfahrung nach ein deutliches Wachstum verzeichnen.

Hier ein Beispiel für eine 12-monatige Kampagne:

Monat 1 - Vereinbaren Sie ein Treffen mit einem potenziellen Kunden. Schreiben Sie nach dem Treffen eine Nachricht darüber, wie Ihnen das Treffen gefallen hat. Tipp: Ein "Es war schön, Sie kennenzulernen" auf dem Postweg übertrumpft eine E-Mail allemal.

Monat 2 - Versenden Sie einen pädagogischen Newsletter mit wertvollen Tipps.

Monat 3 - Senden Sie ihnen eine E-Mail mit einem Ausschnitt aus einem für sie interessanten Branchenartikel.

Monat 4 - Rufen Sie an, um sich zu erkundigen, wie die Dinge laufen, und fragen Sie, ob Sie behilflich sein können. Hinweis: Dies ist kein Verkaufsgespräch. Sie rufen nicht an, um direkt etwas zu verkaufen. Ihr Ziel ist es, sich zu erkundigen, ob Sie helfen können oder Fragen beantworten können.

Monat 5 - Stellen Sie eine Fallstudie über ein erfolgreiches Projekt vor, das Sie kürzlich abgeschlossen haben.

Monat 6 - Versenden Sie einen weiteren Newsletter mit wertvollen Tipps.

Monat 7 - Bieten Sie eine Bewertung oder Kritik zu einem Teil ihres Geschäfts an.

Monat 8 - Laden Sie sie zu einem Seminar oder Workshop ein, den Sie veranstalten.

Monat 9 - Schicken Sie ihnen einen Artikel oder einen Blogbeitrag, an dem Sie in einer bekannten Publikation mitgewirkt haben.

Monat 10 - Kündigen Sie eine neue Dienstleistung oder ein neues Angebot an.

Monat 11 - Versenden Sie einen dritten Newsletter mit wertvollen Tipps.

Monat 12 - Schicken Sie eine Fallstudie oder die Ergebnisse eines kürzlich durchgeführten Projekts oder heben Sie einige Referenzen von Kunden hervor.

Ihre eigentlichen Marketingmaterialien müssen wirksam sein, aber dazu gleich mehr.

Wenn Sie über wirksame Materialien und ein gutes Follow-up-Verfahren verfügen, werden Sie andere Berater in Ihrer Branche in den Schatten stellen.

Das Follow-up ist nämlich der am wenigsten genutzte und wirksamste Aspekt guten Marketings.

Wenn Sie Ihre Marketingkommunikation planen und Ihre Wunschkunden ansprechen, sollten Sie einen Plan aufstellen, der es Ihnen ermöglicht, mehrere Kontakte mit ihnen zu haben.

Vielleicht stellen Sie die Wirksamkeit der Nachfassaktion in Frage, deshalb möchte ich Ihnen erklären, warum sie so gut funktioniert.

ZWEI KAUFFAKTOREN

Die beiden wichtigsten Faktoren für die Kaufentscheidungen von Unternehmen, die an Ihren Dienstleistungen interessiert sein könnten, sind:

1. VERTRAUEN

Wenn ein Unternehmen zum ersten Mal von Ihnen erfährt, weiß es nicht, was es denken soll. Vielleicht sagen Sie die Wahrheit, vielleicht auch nicht. Sie wissen es nicht. Das Gleiche gilt, wenn Sie jemanden zum ersten Mal treffen. Sie haben einen Eindruck, aber Sie wissen nicht wirklich, was Sie denken sollen, bis Sie sie ein zweites und drittes Mal treffen. Erst dann hat man das Gefühl, die Person zu kennen.

Das Gleiche gilt für das Marketing. Je öfter die Unternehmen, die Sie ansprechen wollen, Ihre Anzeigen und andere Marketingmaterialien sehen, desto vertrauter werden Sie ihnen. Sobald sie das Gefühl haben, dass sie Ihnen vertrauen können, werden sie offen für Ihre Botschaften sein und sich mit Ihnen treffen wollen.

2. RÄDER

Der zweite Grund sind die Kaufzyklen. Viele Unternehmen haben feste Budgets, und sie können nicht mehr Geld für Dinge ausgeben, wenn sie ihre Ausgaben für diesen Zeitraum bereits zugewiesen haben.

Wenn Sie ihnen also nur eine oder zwei Mitteilungen schicken und dann aufgeben, ist die Wahrscheinlichkeit groß, dass Sie nie mit ihnen ins Geschäft kommen.

Indem Sie immer wieder mit ihnen in Kontakt treten, schaffen Sie nicht nur Aufmerksamkeit und Vertrauen, sondern sind auch zur Stelle, wenn sie ihre nächste Kaufentscheidung treffen müssen.

WARUM DER HARTE VERKAUF NICHT MEHR FUNKTIONIERT

Bei all Ihren Marketing- und Networking-Aktivitäten ist die Vorstellung, dass Sie die Vorteile Ihres Unternehmens so lange anpreisen müssen, bis jemand aufsteht und davon Notiz nimmt, nicht mehr so gültig wie früher.

Wir alle werden mit Werbebotschaften bombardiert und haben unser Gehirn so trainiert, dass es sich abschaltet, wenn wir Werbung und eklatante Verkaufsförderungsmaßnahmen sehen.

Die neue Art des Verkaufens heißt "soft sell". Besser bekannt als der pädagogische Ansatz. Je mehr Sie die Menschen aufklären, desto mehr werden sie Sie als Autorität ansehen.

Vielen Beratern fällt es schwer, sich mit dem Gedanken an eine kostenlose Beratung abzufinden. Sie sind der Meinung, dass Beratung das ist, was sie verkaufen, und deshalb sollten sie sie nicht kostenlos abgeben. Diese Denkweise ist verständlich, aber sie ist kurzsichtig.

Wenn Sie sich öffnen und einen Teil Ihres Wissens mit anderen teilen, werden sich Ihnen viel mehr Möglichkeiten bieten, als wenn Sie sich verschlossen halten.

Denn ein potenzieller Kunde wird irgendwann einen Kauf tätigen. Unabhängig davon, was Sie verkaufen, irgendwann werden sie es kaufen müssen. Und wenn das der Fall ist, von wem werden sie dann wohl kaufen? Von dem Berater, der sie aufklärt und zu den richtigen Entscheidungen führt, ohne sie zu drängen, oder von dem Berater, der keine wertvollen Ratschläge gibt, wenn er nicht dafür bezahlt wird? Der erste Berater wird um ein Vielfaches reicher sein.

Das Geheimnis ist, dass Sie nicht alles, was Sie wissen, preisgeben müssen. Das sollten Sie auch nicht. Wenn ein potenzieller Kunde Ihnen eine Frage stellt oder um Ihren Rat bittet, sollten Sie ihm gerne Ihre Gedanken zu diesem Thema mitteilen.

Sie können zum Beispiel eine kostenlose Bildungspräsentation anbieten, die dem potenziellen Kunden einen Mehrwert, Einblicke oder Ideen bietet. Sie können diese Informationen auf verschiedene Weise präsentieren, z. B. per Telefon, über eine soziale Netzwerkseite oder persönlich.

Locken Sie einen Kunden an, indem Sie ihm einen Anreiz bieten, sich Ihre Informationen anzuhören. Sagen Sie ihm, dass Sie mit seinen Konkurrenten gesprochen haben (nennen Sie ein paar Namen) und dass Sie auch mit ihnen einen Termin vereinbaren möchten. Sie müssen noch nicht bei den Konkurrenten vorstellig geworden sein, aber wenn Sie sagen, dass Sie mit ihnen sprechen, wird das ihre Aufmerksamkeit erregen. Wenn die

Konkurrenten das sehen, sollten sie es besser gleich sehen. Außerdem ist es kostenlos!

Erläutern Sie während der Präsentation, wie Sie dem Unternehmen helfen können, seine Dienstleistungen zu verbessern, indem Sie die derzeitigen Abläufe optimieren. Achten Sie darauf, dass Ihre Präsentation auf den Punkt kommt, leicht zu verstehen ist und viele Daten, Forschungsergebnisse und wertvolle Informationen enthält. Bringen Sie Ihren Standpunkt auf den Punkt, und nennen Sie mögliche Lösungen.

Sie werden feststellen, dass man Sie als Autorität ansieht. Außerdem haben Sie einen Fuß in die Tür bekommen und Ihr Anliegen vorgetragen. Sie werden das Gefühl haben, dass sie von Ihnen einen Wert erhalten haben, ohne Ihnen etwas dafür zu geben, und wenn sie bereit sind, etwas zu kaufen, werden sie direkt zu Ihnen zurückkommen, weil sie Ihnen etwas schulden.

Hinzu kommt, dass viele potenzielle Kunden zwar gerne Ihre Meinung zu ihrer Situation hören, aber wenn es um die Umsetzung geht, haben sie keine Ahnung, wie sie vorgehen sollen, und meistens wollen sie es nicht selbst tun. Sie ziehen es vor, jemand anderen zu bezahlen, der es dann richtig macht.

Seien Sie also nicht zu schüchtern, Ihr Wissen mit anderen zu teilen. Je mehr Wert Sie geben, desto mehr werden Sie erhalten.

ERSTELLUNG VON MARKETINGMATERIALIEN, DIE ZU ERGEBNISSEN FÜHREN

Unabhängig davon, wie oft Sie Marketingmaterial verschicken, wenn es von Anfang an ineffektiv ist, werden Sie wahrscheinlich wenig Resonanz erhalten. Sicherlich ist es besser, regelmäßig etwas zu verschicken als gar nichts, aber wenn Sie sich schon die Zeit und die Kosten dafür nehmen, dann sollte es sich auch lohnen.

Im Folgenden finden Sie vier Schlüsselkonzepte, die Ihnen dabei helfen, dass Ihr Marketing Ergebnisse erzielt:

1. USP

Ihr USP ist Ihr Alleinstellungsmerkmal. Es wird auch als Ihr Wettbewerbsvorteil oder Ihr Wertversprechen bezeichnet. In der Regel sind es ein oder zwei kurze Sätze darüber, was Sie von Ihren Mitbewerbern unterscheidet.

Was würden Sie antworten, wenn jemand Sie fragt, warum er Ihre Beratungsdienste denjenigen eines anderen Unternehmens vorziehen sollte? Ihr Alleinstellungsmerkmal sollte Ihren besonderen Schwerpunkt, eine von Ihnen angebotene Garantie, Ihre Erfahrung und/oder Ihre Ergebnisse hervorheben. Außerdem muss das, was Sie anbieten, etwas sein, das der Markt tatsächlich für wertvoll hält, etwas, für das er bereit ist, zu zahlen, und von dem er so überzeugt ist, dass er mit Ihnen ins Geschäft kommt. Die besten Alleinstellungsmerkmale sind einprägsam und heben Sie sofort von anderen ab.

Der alte USP von Domino's Pizza lautete in etwa so: "In dreißig Minuten an Ihre Tür geliefert oder Sie zahlen nicht."

Als noch jeder in die Videotheken ging, um sich seine Filme zu holen (erinnern Sie sich an diese Zeiten?), hatte Blockbuster ein überzeugendes Alleinstellungsmerkmal. Sie garantierten, dass der neueste Film im Laden vorrätig war, oder man musste beim nächsten Mal nicht dafür bezahlen.

Die Avis Autovermietung pflegte zu sagen: "Wir sind Avis, wir sind die Nummer 2, also geben wir uns mehr Mühe." Damit spielte man auf die Tatsache an, dass ein anderes Autovermietungsunternehmen auf dem ersten Platz saß und nicht so viel Grund wie Avis hatte, die Kunden zu gewinnen und zu halten.

Alle diese Universaldienstleister geben oder implizieren Versprechen. Sie sind glaubwürdig, leicht zu merken und sehr wirksam.

Denken Sie daran, dass Sie sich keinen Namen machen können, wenn Sie wie jedes andere Unternehmen auf Ihrem Markt sind. Um meinen Standpunkt zu verdeutlichen, möchte ich auf den Titel eines großartigen Buches von Jack Trout verweisen: *"Differenzieren oder sterben"*.

Jetzt ist es an der Zeit, dass Sie Ihr eigenes Wertversprechen erstellen. Ich verwende dafür immer gerne eine Formel, die lautet:

Wer Ihre Kunden sind + was Sie ihnen bieten + warum sie bei Ihnen kaufen

Schauen wir uns das mal genauer an:

- **Wer Ihre Kunden sind** - Je genauer Sie eine Gruppe ansprechen, desto empfänglicher wird sie für Ihre Botschaft sein. Anstatt zu sagen: "Ich helfe Unternehmen bei ihren Managementstrategien", sollten Sie sich auf folgende Aussage konzentrieren: "Ich helfe Technologieunternehmen mit 50 bis 500 Mitarbeitern in der Region Arizona dabei,...". Vergleichen Sie diese beiden Sätze. Erkennen Sie, wie viel relevanter und aussagekräftiger der zweite Satz wäre, wenn dies Ihre Zielgruppe wäre?

- **Was Sie ihnen bieten** - Was tun Sie? Was ist Ihr Produkt oder Ihre Dienstleistung? Versetzen Sie sich auch hier in die Lage Ihrer Kunden. Denken Sie an das eigentliche Produkt oder die Dienstleistung, die Sie anbieten und für die sie sich interessieren, und nicht an das, was Sie für wichtig halten. Verwenden Sie die Sprache, die Ihre Kunden verwenden.

- **Warum sie bei Ihnen kaufen** - Dieser Punkt ist entscheidend. Was unterscheidet Sie von Ihren Mitbewerbern? Diese Frage stellt für die meisten Berater die größte Herausforderung dar. Und warum? Weil Dinge wie "hohe Qualität", "bester Service" und "niedrigster Preis" keine Unterscheidungsmerkmale mehr sind. Jeder sagt, er habe die hochwertigsten Produkte und den besten Service.

Sie müssen sich etwas einfallen lassen, was Sie von anderen unterscheidet. Denken Sie darüber nach, wie Sie Ihr Produkt oder Ihre Dienstleistung anbieten, Ihre Garantie, oder vielleicht gibt es einen anderen einzigartigen Vorteil, den Sie bieten, den andere nicht haben. Es ist wichtig, daran zu denken, dass Ihr Unterscheidungsmerkmal nicht völlig einzigartig sein muss. Selbst wenn Ihr Konkurrent über die gleichen Fähigkeiten verfügt wie Sie, können Sie sich diese Einzigartigkeit zu eigen machen, wenn er sie nicht kommuniziert und vermarktet.

Es gibt zwei Möglichkeiten, wie ich Beratern rate, ihre Wertangebote zu verfassen.

1) **Die Langform** . Nehmen Sie sich ein oder zwei Absätze Zeit, um die drei obigen Fragen so ausführlich wie möglich zu beantworten. Vielleicht brauchen Sie eine halbe Seite. Dann können Sie sie überarbeiten und haben am Ende einen tollen Text, der Ihre idealen Kunden anspricht. Diesen Text können Sie auf Ihrer Website veröffentlichen und in Ihrer Werbung verwenden.

2) **Die Kurzform**. Nehmen Sie das, was Sie oben geschrieben haben, und betrachten Sie die Formel, die ich erwähnt habe, und versuchen Sie, Ihr Leistungsversprechen auf einen einzigen Satz zu reduzieren. Diesen werden Sie verwenden, wenn Sie neue Leute treffen, um zu erklären, was Sie tun.

Platzieren Sie es auf Ihrer Website, auf Visitenkarten, in Broschüren, in Online-Anzeigen, auf Sprachnachrichten - so ziemlich überall, wo Sie können.

Sie fragen sich vielleicht: "Woher weiß ich, ob mein Wertangebot funktioniert?" Das ist eine gute Frage.

Sie können Ihr Nutzenversprechen verwenden, wenn Sie auf Networking-Veranstaltungen neue Leute kennenlernen. Sie werden schnell feststellen können, wie die Leute auf Sie reagieren, und auf der Grundlage ihrer Reaktionen können Sie Ihre Formulierungen leicht anpassen. Eine weitere sehr effektive Möglichkeit, Ihr Wertversprechen zu testen, ist Google AdWords. Das kostet zwar etwas, aber für 50 bis 100 Dollar erhalten Sie in der Regel gute Daten. Das funktioniert folgendermaßen. Sie stellen zwei bis drei verschiedene Varianten Ihres Wertversprechens als Anzeigen zusammen. Sie schalten sie dann alle gleichzeitig und leiten den Traffic auf Ihre Website oder eine Landing Page. Sie werden sehen, welche Anzeigen (und das entsprechende Wertversprechen) die meisten Klicks und die höchste CTR erhalten. Sie wissen dann, welche Anzeige Ihre Zielgruppe am besten anspricht.

Setzen Sie all dies in die Praxis um und profitieren Sie von den Vorteilen, die Sie auf Ihrem Markt haben, von mehr Leads und neuen Kunden.

2. BENEFITS

Dieser Punkt ist ziemlich einfach. Führen Sie in Ihren Marketingunterlagen klar die Vorteile auf, die Ihr Traumkunde durch die Zusammenarbeit mit Ihnen erhält? Denken Sie daran, dass die Vorteile das sind, was der Kunde durch die Zusammenarbeit mit Ihnen gewinnt, nicht nur das, was Sie anbieten.

Je besser Sie die Branche und die Bedürfnisse Ihrer Wunschkunden kennen, desto besser können Sie sinnvolle Vorteile für Ihr Marketingmaterial entwickeln.

3. VERTRAUEN AUFBAUEN

Es gibt mehrere Möglichkeiten, Vertrauen zu schaffen. Die beiden beliebtesten sind, sich entweder als glaubwürdiger Experte zu etablieren oder Zeugnisse von zufriedenen Kunden und anderen Fachleuten vorzulegen, die Sie in der Vergangenheit gelobt haben.

Vermeiden Sie es, sich als Berater zu bezeichnen. Das ist vage, wenig aussagekräftig und hilft Ihnen sicher nicht dabei, Kunden zu gewinnen. Die Leute stellen Sie nicht ein, weil Sie ein Berater sind. Sie stellen Sie ein, weil Sie ein Experte auf einem Gebiet sind. Auf der anderen Seite trägt die Bezeichnung "Experte" wenig dazu bei, Ihr Fachwissen zu belegen.

Jeder kann sich als Wirtschaftsexperte bezeichnen. Sind sie schon seit vielen Jahren im Geschäft? Haben sie erfolgreich ein Unternehmen aufgebaut und verkauft? Erzielen sie ein hohes Einkommen? Kennen sie das Innenleben einer bestimmten Art von Unternehmen oder Branche?

Bei der Etablierung des Expertenstatus geht es also nicht nur um Ihre Positionierung und Ihr Messaging, sondern vor allem darum, die richtigen Dinge zu tun, um als Experte wahrgenommen zu werden und Ihre Glaubwürdigkeit aufzubauen. Ich werde Ihnen gleich vier Möglichkeiten vorstellen, wie Sie Ihre Glaubwürdigkeit aufbauen können.

Zunächst wollen wir uns ansehen, wie Sie Ihr Fachwissen unter Beweis stellen können.

Hier sind zehn Methoden, die Sie anwenden können - je mehr, desto besser -, um auf dem Markt auf sich aufmerksam zu machen und als Experte wahrgenommen zu werden.

1) Ein Buch schreiben
2) Ein Weißbuch erstellen
3) Webinare veranstalten
4) Entwickeln Sie ein Lehrvideo
5) Bieten Sie einen kostenlosen Bericht mit Mehrwert an

6) Sprechen Sie mit Organisationen
7) Veröffentlichung von Artikeln in lokalen Printmedien
8) Gastartikel für andere Blogs schreiben
9) Werden Sie im Radio interviewt
10) Bieten Sie Ihre Dienste einer gemeinnützigen Organisation anNun geht es um die Glaubwürdigkeit.

In ihrem Buch "*Kunden, Kunden und nochmals Kunden*" stellt Larina Kase das Modell des Forschers B.J. Fogg vor, wie Menschen Glaubwürdigkeit wahrnehmen.

Hier sind die vier wichtigsten Arten:

- **Vermutungen** - Diese Art von Glaubwürdigkeit beruht auf Vorstellungen und Annahmen, die die Menschen haben.
- **Seriös** - Dies beruht auf den Erfahrungen anderer Personen und lässt sich an Zeugnissen, Empfehlungen und Vermerken ablesen.
- **Oberfläche** - Sie basiert auf der ersten Beobachtung und dem ersten Eindruck und ist eher visueller Natur.
- **Verdient** - Sie basiert auf unseren eigenen Erfahrungen mit etwas oder jemandem und entwickelt sich mit der Zeit.

Wer ein erfolgreicher Berater werden will, für den lohnt es sich, über diese vier Punkte genauer nachzudenken.

Lassen Sie uns diese im Detail betrachten.

Mutmaßliche Glaubwürdigkeit

Eine Möglichkeit, diese Art von Glaubwürdigkeit zu erlangen, besteht darin, ein Buch zu schreiben. Eine andere ist, für ein bekanntes Unternehmen zu arbeiten. Sobald potenzielle Kunden eine dieser Tatsachen über Sie erfahren, werden sie wahrscheinlich annehmen, dass Sie ein Experte in Ihrem Fachgebiet sind.

Anerkannte Glaubwürdigkeit

Wie die obige Liste zeigt, müssen Sie so viele Zeugnisse wie möglich sammeln, um diese Art von Glaubwürdigkeit zu erreichen. Denken Sie daran, dass es einen richtigen und einen falschen Weg gibt, um Zeugnisse von Kunden zu erhalten. Wenn Sie sich bisher noch nicht um Zeugnisse,

Empfehlungen und Befürwortungen in Ihrem Unternehmen gekümmert haben, ist es jetzt an der Zeit, damit zu beginnen.

Oberfläche Glaubwürdigkeit

Hier kommt das Image ins Spiel und der erste Eindruck zählt am meisten. Sieht Ihre Beratungs-Website professionell aus? Sind Ihre Visitenkarten gut gestaltet? Wenn Sie Kunden in Ihr Büro einladen, bekommen diese dann den richtigen Eindruck? Und wie sieht es mit Ihrer Kleidung aus? Jeder dieser Punkte hat Einfluss darauf, wie Sie von anderen wahrgenommen und beurteilt werden.

Verdiente Glaubwürdigkeit

Diese Art von Glaubwürdigkeit ist Ihre Dividende. Während vermeintliche, angebliche und oberflächliche Glaubwürdigkeit Ihnen helfen, in die Tür zu kommen und den ersten Verkauf abzuschließen, kann es etwas länger dauern, bis die verdiente Glaubwürdigkeit aufgebaut ist. Dies erreichen Sie vor allem dadurch, dass Sie Ihren Kunden großartige Ergebnisse liefern. Übertreffen Sie ihre Erwartungen. Liefern Sie Wert. Je mehr Sie mit Ihren Kunden zusammenarbeiten, desto mehr Glaubwürdigkeit gewinnen Sie.

Das Erreichen von Glaubwürdigkeit und Expertenstatus ist ein Kreislauf. Je mehr Sie darauf drängen, als Experte angesehen zu werden, desto mehr bauen Sie Ihre Glaubwürdigkeit auf und desto mehr Menschen sehen Sie als Experte. Der Kreislauf wächst weiter und stärkt Ihre Autorität, wenn Sie diese Aktivitäten im Laufe der Zeit fortsetzen.

Der zweite Weg, um das Vertrauen der Kunden zu gewinnen, ist die Verwendung aussagekräftiger Zeugnisse. Zeugnisse sind eine der stärksten Formen von Beweisen, die Sie potenziellen Kunden anbieten können. Und nicht nur das, auch die Medien lieben sie.

Wenn Sie noch keine Zeugnisse haben, machen Sie jetzt eine Liste mit früheren oder aktuellen Kunden, früheren Arbeitgebern oder anderen Fachleuten, mit denen Sie zusammengearbeitet haben. Schreiben Sie ihnen eine kurze E-Mail und fragen Sie sie, ob sie Ihnen ein Zeugnis ausstellen können.

Tipp: Wenn Sie um Zeugnisse bitten, ist es immer am besten, ein früheres Zeugnis als Leitfaden zur Verfügung zu stellen oder, noch besser, einen

Entwurf für ein Zeugnis zu schreiben, um zu zeigen, welche Art von Aussage Sie suchen. Lassen Sie sie wissen, dass dies nur ein Beispiel ist und sie es nach Belieben abändern können.

Sie könnten zum Beispiel eine E-Mail an Ihren Kunden, den Präsidenten eines Fertigungsunternehmens, schicken und sagen: "Das ist eine gute Idee:

"Hi, Tom,

Ich hoffe, Sie haben eine schöne Woche.

Ich aktualisiere gerade einige meiner Marketingmaterialien und bin dabei, Erfahrungsberichte von Kunden zu sammeln, und wollte Sie um einen bitten.

Ich weiß, dass Sie viel zu tun haben, deshalb habe ich ein Muster zusammengestellt, um Zeit zu sparen:

Mike weiß wirklich, was er tut. Er hat unserem Unternehmen geholfen, fünfmal mehr Leads für weniger Geld zu generieren, als wir vorher ausgegeben haben. Er ist zuverlässig, professionell und es macht wirklich Spaß, mit ihm zu arbeiten.

Tom, wäre es in Ordnung, etwas wie das hier zu verwenden? Sie können das Beispiel gerne bearbeiten und in Ihre eigenen Worte fassen. Wirklich, was immer für Sie funktioniert.

Danke,

Michael"

Ein weiterer Tipp: Ihre Empfehlungsschreiben sollten so detailliert wie möglich sein. Eine Aussage von jemandem, der sagt: "James ist wirklich ein toller Typ. Er hat großartige Arbeit geleistet", trägt nur wenig dazu bei, Ihre Glaubwürdigkeit zu erhöhen. Sie ist zu vage, um einen echten Wert darzustellen. Wenn das gleiche Zeugnis lauten würde: "James kennt sich wirklich aus. Er hat unserem Unternehmen bei der reibungslosen Abwicklung einer kürzlich erfolgten Fusion geholfen, unsere Produktivität innerhalb eines Monats um 10 Prozent gesteigert und unser Vertriebsteam wieder auf Kurs gebracht", dann wäre das viel aussagekräftiger.

Eine weitere Möglichkeit, Vertrauen zu schaffen, besteht darin, Ergebnisse zu zeigen. Sie können auflisten, was Sie erreicht haben und wie Sie anderen geholfen haben. Idealerweise sollten Sie jedoch versuchen, Zeugnisse von Kunden zu haben, die über die Ergebnisse sprechen, die sie mit Ihrer Hilfe erreicht haben.

Gute Zeugnisse sind detailliert und zeigen deutlich, wie Sie einen Mehrwert schaffen und warum Sie der Richtige sind. Sie strahlen Vertrauen aus, machen Ihr Angebot glaubwürdiger und liefern den Beweis, dass Sie Ergebnisse erzielen können.

Diese Art von Zeugnissen trägt dazu bei, viele Einwände potenzieller Kunden aus dem Weg zu räumen, wenn sie sich entscheiden müssen, ob sie mit Ihnen zusammenarbeiten wollen.

4. BITTE UM MASSNAHMEN

Eine Anzeige oder ein anderes Marketingmaterial, das alle oben genannten Elemente enthält, aber keinen richtigen Aufruf zum Handeln beinhaltet, führt zu drastisch niedrigeren Antwortraten.

Am Ende aller Marketingmaterialien, nachdem Sie die Aufmerksamkeit Ihres Wunschkunden gewonnen, ihm Versprechungen gemacht und bewiesen haben, dass Sie diese auch einhalten können, ist es an der Zeit, ihn zu bitten, aktiv zu werden. Wenn Sie es nicht tun, werden sie es nicht tun. Wenn Sie es tun, werden sie Ihnen vielleicht folgen.

Die meisten Geschäftsinhaber neigen dazu, zu viel zu analysieren. Wenn man sie mit Informationen überhäuft und sie dann allein lässt, werden sie sich entweder weiter im Kreis drehen oder alle Informationen schnell wieder verwerfen und ihr Leben weiterführen.

Sie wollen nicht, dass das passiert.

Die einzige Möglichkeit, dies zu umgehen, besteht darin, sie zu bitten, etwas zu unternehmen. Fordern Sie sie auf, etwas zu tun. Dieses "etwas" könnte darin bestehen, einen kostenlosen Bericht anzufordern, ein Video auf Ihrer Website oder in Ihrem Blog anzuschauen oder Sie für eine kostenlose Bewertung oder ein Seminar zu kontaktieren. Sie müssen sie eindeutig auffordern, den nächsten Schritt im Prozess zu tun.

NEBENPRODUKTE DER MARKETINGBERATUNG

Es gibt noch eine weitere Art von Markierungsmaterial, die Sie nicht übersehen sollten. Bei der Herstellung und Lieferung der meisten Produkte und Dienstleistungen fallen Nebenprodukte an. Die meisten

Unternehmenseigentümer und Berater schenken diesen wenig Aufmerksamkeit. Sie ignorieren sie oder wissen nicht einmal, dass sie existieren.

Die Identifizierung Ihrer Beratungsnebenprodukte und deren Vermarktung kann Ihrem Unternehmen eine ganz neue Einnahmequelle erschließen.

Nehmen wir die Beraterin, die regelmäßig Vorträge und Seminare hält. Sie beschließt, all ihre Notizen und Lehren zu einem Webinar zusammenzustellen, für das sie eine Gebühr verlangt. Das ist ein Nebenprodukt. Die Erstellung von Videos oder eines Buches aus ihren Notizen und Lehren wäre ein weiteres Nebenprodukt. Und eine neue Einnahmequelle ist geschaffen.

Der Webdesigner ist damit beschäftigt, Websites für seine Kunden zu erstellen. Er stellt fest, dass er viele Websites für Anwälte erstellt. Anstatt das Geschäft wie gewohnt fortzuführen, beschließt er, einen Dienst mit Website-Vorlagen speziell für Anwaltskanzleien anzubieten. Es ist ein gezieltes und beliebtes Angebot. Es generiert neue Einnahmen.

Welche Nebenprodukte übersehen Sie?

FALLSTRICKE FÜR IHR MARKETING AUF SPARFLAMME

Zwei Berater verließen ihre Beratungsfirma zur gleichen Zeit, um ihr eigenes Unternehmen zu gründen. Einer beschloss, kein Geld für Marketing auszugeben. Stattdessen wählte er den kostenlosen Weg. Er tat alles, was er konnte, um seinen Namen bekannt zu machen.

Der andere Berater beschloss, 1.000 Dollar für gezieltes Marketing auszugeben. Er erstellte seine ideale Kundenliste, stellte eine Kampagne zusammen, um sie anzusprechen, und gab dann sein Geld aus, um sie zu erreichen.

Der erste Berater hat kein Geld ausgegeben. Er hat viel erreicht, aber leider reicht es nicht aus, einfach nur Dinge zu erledigen. Was zählt, ist, Geld zu verdienen und Beratungskunden zu gewinnen.

Der zweite Berater gab 850 $ für seine Kampagne aus und gewann zwei Kunden. Jeder von ihnen war ihm über 15.000 Dollar wert. Keine schlechte Investitionsrendite (ROI).

Selbständige (Berater, Freiberufler, Freiberufler) sind oft ein konservativer Haufen. Sie sind gerne beschäftigt und tun alles, um KEIN Geld für ihr eigenes Marketing auszugeben. Fünf oder zehn Dollar sind keine große Sache, aber sobald man die magische Grenze überschreitet, bei der der Betrag zu etwas wird, über das man nachdenken muss, ändern sich die Dinge.

Der menschliche Verstand funktioniert auf seltsame Weise. Selbst wenn der ROI sicher größer ist als die Kosten, scheint es den Menschen schwer zu fallen, zu zahlen.

Hier ist ein gutes Beispiel. Ich führte eine Online-Marketingkampagne für die Firma eines Kunden in einer sehr wettbewerbsintensiven Branche durch. Die erzielten Ergebnisse waren geradezu spektakulär. Wir sprechen hier von einem ROI von 6 zu 1 oder mehr. Das heißt, dass für jeden in die Kampagne investierten Dollar 6 Dollar an Einnahmen erzielt wurden.

Meine Empfehlung an sie lautete, dass es an der Zeit sei, das Budget für die Kampagne zu erhöhen. Warum? Wenn man weiß, dass man mehr zurückbekommt, als man investiert, ist es sinnvoll, die Kampagne zu skalieren und mehr Einnahmen zu erzielen.

Aber das Unternehmen fand es schwierig, weiterzumachen. Und sie sind nicht allein.

In vielen Situationen fällt es Unternehmen und Menschen schwer, ihr Geld in etwas zu investieren, auch wenn sie wissen, dass sie ein Vielfaches ihrer Investition zurückverdienen können.

Diese Art des Denkens ist zwar verständlich, aber auch fehlerhaft. Warum? Weil **sie** das Potenzial für größeren Erfolg einschränkt.

Das Sprichwort "Es braucht Geld, um Geld zu verdienen" ist nicht immer wahr. Dennoch trifft es häufig zu.

Ich halte nichts davon, Geld für zwanzig verschiedene Dinge auszugeben, um Kunden zu gewinnen. Das ist Verschwendung. Aber Geld in Ihre Ausbildung, in die Verbesserung Ihrer Fähigkeiten und in Ihr eigenes

Marketing zu investieren, und zwar gezielt und direkt, ist oft die beste Investition, die Sie tätigen können.

Knausern Sie nicht. Investieren Sie in sich selbst.

DAS MARKETINGBUDGET DES BERATERS

Ich habe eine Umfrage an die mehr als 29.000 Berater auf unserer Liste geschickt, um herauszufinden, wie viel sie für Marketing ausgeben und welche Arten von Marketing sie als am effektivsten erachtet haben. Indem Sie herausfinden, was für andere funktioniert hat, können Sie Ihre eigenen Marketingmaßnahmen anpassen und verbessern.

FÜR WELCHE ART VON MARKETING WENDEN SIE DIE MEISTE ZEIT AUF?

Meine Recherchen haben ergeben, dass Berater dazu neigen, Empfehlungen auszusprechen und ihr Netzwerk auszubauen. Diese beiden Marketingmethoden sind bekanntermaßen für jeden Dienstleistungsprofi effektiv, so dass dies nicht überraschend ist.

Viele nutzen soziale Medien oder Bildungsmarketing durch Schreiben und Berichte. Seltsamerweise habe ich festgestellt, dass nur wenige Berater Zeit für die Werbung für ihr Beratungsgeschäft aufwenden, obwohl gezielte Werbung einen hohen ROI erzielen kann. Hier liegt eine Chance.

MIT WELCHER ART VON MARKETING VERDIENEN BERATER AM MEISTEN GELD?

Mit welchen Marketingstrategien und -taktiken verdienen Berater das meiste Geld? Das ist die Antwort, die jeder gerne wissen möchte.

Die meisten Berater behaupten, dass Empfehlungen und Netzwerke den höchsten ROI erzielen. Präsentationen und Seminare liegen weit abgeschlagen an zweiter Stelle, gefolgt von Kaltakquise. Ich empfehle eigentlich keine Kaltakquise. Das ist unangenehm und unbeholfen. Stattdessen lehre ich einen Prozess, bei dem es darum geht, gezielt mit idealen Kunden in Kontakt zu treten, Beziehungen zu ihnen aufzubauen und dann später, wenn es effektiv ist, Anrufe zu tätigen.

Und nur weil Empfehlungen und Networking in der Umfrage an erster Stelle stehen, heißt das nicht, dass sie für jeden der effektivste Ansatz sind. Ihr hoher Rang ist vor allem darauf zurückzuführen, dass so viele Berater diese Techniken gerne nutzen. Ich empfehle dringend, in Ihrem Unternehmen ein Marketingsystem zu entwickeln, das sich nicht auf

Empfehlungen stützt, damit Sie eine beständige Pipeline von Möglichkeiten schaffen.

WIE VIEL GELD GEBEN BERATER FÜR DIE VERMARKTUNG IHRES UNTERNEHMENS AUS?

Ich habe festgestellt, dass die meisten Berater im Durchschnitt etwa 7.500 Dollar pro Jahr für die Vermarktung ihres Unternehmens ausgeben, obwohl ich schon erlebt habe, dass einzelne Berater bis zu 200.000 Dollar ausgeben.

Am anderen Ende des Spektrums kenne ich einige Berater, die nichts für Marketing ausgeben. Typischerweise liegt das daran, dass sie neu im Marketing sind, seine Bedeutung unterschätzt haben oder ein Beratungsunternehmen haben, das so gut etabliert ist, dass sie keine Werbung für sich selbst machen müssen.

AUSGLEICH ZWISCHEN MARKETINGBERATUNG UND KUNDENARBEIT

Viele neue Berater haben Schwierigkeiten, ihre Zeit zwischen der Erfüllung eines Kundenauftrags und der Geschäftsentwicklung für künftige Aufträge einzuteilen.

Ich habe Untersuchungen gelesen, die zeigen, dass die meisten Berater jedes Jahr 110 Tage mit Marketing und Verwaltung verbringen. Das sind Tage, an denen sie nicht an Kunden arbeiten. Und während einige Leute einen bestimmten Prozentsatz für die Aufteilung der Zeit vorschlagen, würde ich sagen, dass jeder Mensch und jedes Unternehmen ein anderes Gleichgewicht benötigt.

Wenn Sie nur mit einem oder zwei Kunden arbeiten und Ihre Arbeitsbelastung und Ihr Einkommen wirklich steigern wollen, sollten Sie mehr Zeit für die Vermarktung Ihrer Beratungsdienste aufwenden. Wenn Sie so weit sind, dass Sie auf absehbare Zeit genug zu tun haben, können Sie Ihre Marketingaktivitäten auf einen Tag pro Woche reduzieren.

Ich schlage meinen Beratungskunden und denjenigen, die neu anfangen, vor, einen Teil jedes Tages oder jeden zweiten Tag für Marketingaktivitäten einzuplanen. Wenn Sie zum Beispiel innerhalb von sechs Monaten mehrere neue Kunden gewinnen wollen, könnten Sie die ersten zwei Stunden jedes Tages damit verbringen, Ihren Plan zu erstellen, ihn umzusetzen und Maßnahmen zu ergreifen, um Ihr Ziel zu erreichen.

Stellen Sie jedoch sicher, dass Sie nicht nur genügend Zeit für Marketingaktivitäten aufwenden, um neue Kunden zu gewinnen, sondern auch, dass Sie die richtigen Maßnahmen ergreifen und diese konsequent umsetzen.

Denken Sie daran, dass es nur drei Möglichkeiten gibt, den Beratungsumsatz zu steigern. Es spielt keine Rolle, welche Art von Unternehmen Sie führen oder auf welche Art von Beratung Sie sich spezialisiert haben.

- Sie können die Zahl der Kunden, mit denen Sie arbeiten, erhöhen.
- Sie können den Umfang des Verkaufs an jeden Kunden erhöhen.
- Sie können die Anzahl der Käufe eines Kunden bei Ihnen erhöhen.

Viele Unternehmer und Berater, die ich treffe, vergessen diesen zeitlosen Grundsatz.

Bevor Sie also Zeit damit verbringen, sich den nächsten magischen Marketingplan auszudenken oder den großen PR-Blitz zu planen, sollten Sie sich fragen, ob das, was Sie tun, in direktem Zusammenhang mit einer der drei Möglichkeiten zur Umsatzsteigerung steht.

EINIGE WEISE WORTE ZUM THEMA MARKETING

Sie werden Ihre Beratungsumsätze steigern, wenn Sie bereit sind, Zeit in richtige und konsequente Marketingaktivitäten zu investieren. Um dies zu erreichen, bedarf es einer gewissen Motivation, und ich habe gelernt, dass Motivation manchmal in Form von großartigen Worten großartiger Menschen kommen kann. Daher möchte ich Ihnen eine Reihe großartiger Marketing- und Geschäftszitate anbieten. Denken Sie darüber nach, wie Sie diese Ratschläge in Ihre Praxis einbauen können, oder greifen Sie auf diese Worte zurück, wenn die Dinge schwierig werden.

- *"Die Aufgabe des Marketings ist es, gesellschaftliche Bedürfnisse in profitable Möglichkeiten umzuwandeln".* - Anonym
- *"Wenn du an etwas glaubst, nachts und am Wochenende arbeitest, wird es sich nicht wie Arbeit anfühlen."* - Kevin Rose
- *"Du musst entweder deine Träume verändern oder deine Fähigkeiten vergrößern."* - Jim Rohn
- *"Wir treten wirklich gegen uns selbst an, wir haben keinen Einfluss darauf, wie andere Leute abschneiden.* - Pete Cashmore
- *"Wenn du bereit bist, aufzuhören, bist du näher dran, als du denkst".* - Bob Parsons
- *"Der einzige Weg herum ist ein Durchgang."* - Robert Frost
- *"Vergessen Sie Ihre Konkurrenten, konzentrieren Sie sich auf Ihre Kunden."* - Jack Ma
- *"Was immer der menschliche Geist sich ausdenken und glauben kann, kann er auch erreichen. Gedanken sind Dinge! Und zwar mächtige Dinge, die, wenn sie mit einer festen Absicht und einem brennenden Wunsch verbunden sind, in Reichtum verwandelt werden können."* - Napoleon Hill
- *"Was auch immer Sie denken, denken Sie größer."* - Tony Hsieh

- *"Der Unternehmer sucht immer nach Veränderungen, reagiert auf sie und nutzt sie als Chance."* - Peter F. Drucker
- *"Wenn Menschen in Positionen gebracht werden, die etwas über dem liegen, was sie erwarten, neigen sie dazu, sich zu übertreffen."* - Richard Branson
- *"Langfristige Planung funktioniert am besten auf kurze Sicht.* - Doug
- Evelyn

"Timing, Beharrlichkeit und zehn Jahre des Bemühens lassen dich irgendwann wie einen Über-Nacht-Erfolg aussehen". - Biz Stone

- *"Erfolg im Geschäftsleben erfordert Ausbildung, Disziplin und harte Arbeit. Aber wenn man sich von diesen Dingen nicht abschrecken lässt, sind die Chancen heute genauso groß wie früher."* - David Rockefeller
- *"Immer mehr liefern als erwartet."* - Larry Page
- *"Die einzigen Grenzen sind, wie immer, die der Vision".* - James
- Broughton
- *"Sehen ist die Kunst, das Unsichtbare zu sehen."* - Jonathan Swift
- *"Jeder Zeitpunkt ist ein guter Zeitpunkt, um ein Unternehmen zu gründen".* - Ron Conway

"Die goldene Regel für jeden Geschäftsmann ist folgende: Versetze dich in die Lage deines Kunden." - Orison Swett Marden

- *"Der beste Weg, die Zukunft vorherzusagen, ist, sie zu erfinden."* -
- Dennis Gabor

"Der Weg zum Erfolg ist, mit dem Reden aufzuhören und mit dem Tun zu beginnen. - Walt Disney

CHECKLISTE: VERMARKTUNG IHRER BERATUNGSDIENSTLEISTUNGEN

□ Ich habe die sechs Fragen beantwortet, um zu sehen, wie gut ich auf die Vermarktung meiner Beratungsdienste vorbereitet bin.

□ Ich habe meine Kriterien festgelegt, um meine idealen, neuen Kunden zu finden.

□ Ich habe einen Plan für meine mehrstufige Marketingkampagne erstellt.

□ Ich verstehe die beiden Kauffaktoren der Kunden.

Ich ☐habe einen Bildungsplan erstellt, um mich als Autorität zu etablieren.

☐ Ich weiß, welche vier Bereiche mein Marketingmaterial umfassen sollte.

☐ Ich habe meine möglichen Marketing-Nebenprodukte ermittelt.

☐ Ich verstehe die Fallstricke, wenn ich kein Geld in meine Marketingstrategien investiere. ☐ Ich kenne die drei Möglichkeiten zur Steigerung des Beratungsumsatzes.

☐ Ich habe motivierende Zitate gelesen und werde die, die ich bei meiner täglichen Arbeit finde, in die Liste aufnehmen.

LEKTION 9: KUNDEN UND BEZIEHUNGEN VERWALTEN

KUNDEN UND BEZIEHUNGEN

Das Geschäft eines Beraters ist immer ein Beziehungsgeschäft. Ihr Erfolg steht in direktem Zusammenhang mit dem Maß an Service, Zufriedenheit und Glück, das Sie Ihren Kunden bieten. Kurz gesagt, sie sind das Lebenselixier Ihres Unternehmens - vergessen Sie das nie.

IHR EINFACHSTES UNTERSCHEIDUNGSMERKMAL

Eine der einfachsten und effektivsten Möglichkeiten, sich von allen anderen Beratern in Ihrer Branche zu unterscheiden, besteht darin, sich wirklich um Ihre Kunden zu kümmern. Sich um Ihre Kunden zu kümmern, ist Marketing. Das ist nicht nur eine gefühlsduselige Idee. Es bedeutet nicht, dass Sie sie bei jeder Gelegenheit umarmen.

Mitgefühl bedeutet, dass sie wissen, dass Sie sich um sie, ihr Geschäft, ihre Interessen und ihre Gewinne kümmern. Es bedeutet, dass Sie ihnen bei jeder vernünftigen Gelegenheit helfen und sie unterstützen.

Fürsorge bedeutet, dass man sich für seine Kunden einsetzt und etwas für sie tut, was andere nicht tun würden. Fürsorge bedeutet, ihnen zuzuhören, anstatt sie zu überreden.

Fürsorglich ist, wenn Sie ihnen etwas sagen, das sie vielleicht nicht hören wollen oder das Ihre Arbeit gefährden könnte, das aber im besten Interesse ihres Unternehmens ist.

Fürsorge ist greifbar und drückt sich in Ihren Handlungen und den Versprechen aus, die Sie geben und einhalten.

ANSPRECHBAR SEIN

Wie oft haben Sie schon jemandem eine Nachricht hinterlassen oder eine E-Mail geschickt, und derjenige hat tagelang nicht geantwortet? Tatsächlich sind SIE derjenige, der nachfassen und sich mit der Person in Verbindung setzen muss.

Ich werde nie vergessen, wie ich vor ein paar Jahren mit einem bestimmten Kunden gearbeitet habe. Er hatte mit einer Designberatungsfirma zusammengearbeitet, die ihm bei vielen seiner Marketingmaterialien half. Ich wurde an Bord geholt, um ihnen bei ihrem Marketing zu helfen und ihre Einnahmen zu steigern. Während dieses Prozesses musste ich einige Designmaterialien aktualisieren. Ich rief den Designberater an, er nahm nicht ab, also hinterließ ich eine Nachricht.

Am nächsten Tag hatte ich immer noch keine Antwort erhalten, also schickte ich ihm eine E-Mail. Zwei Tage später erhielt ich eine E-Mail, in der es hieß, er sei sehr beschäftigt und würde sich in ein paar Tagen wieder melden. Das tat er nicht, und ich musste ihm nachhaken, um eine Reaktion seinerseits zu erreichen. Dabei hatte ich versucht, ihm mehr Aufträge zu verschaffen!

Das mag wie eine einmalige Geschichte klingen, aber ich habe mit unzähligen Beratern, Managern und sogar Führungskräften zu tun gehabt, die ihre Unternehmen auf diese Weise führen.

Es ist nicht schlimm, wenn man so beschäftigt ist, dass man nicht mehr Arbeit annehmen kann. Aber das ist kein Grund, nicht zu reagieren. Wenn Sie so arbeiten, wirkt das unprofessionell und schadet Ihrer Marke und Ihrem Namen.

Viele Menschen scheinen gute Absichten zu haben, aber wenn es um Kommunikationsfähigkeit und Professionalität geht, bieten sie das, was man von einem Grundschüler erwarten könnte. Anstatt sich darüber zu beschweren und solche Leute lächerlich zu machen, sollten Sie dies lieber zu Ihrem Vorteil nutzen.

Denn auf zehn Leute, die es nicht schaffen, kommt einer, der es schafft. Und dieser eine sticht heraus. Dieser eine verdient Vertrauen und Respekt und wird derjenige, auf den sich die Leute verlassen.

Manchmal kann sich etwas, das schlecht für Ihr Unternehmen ist, als das Beste für Ihr Unternehmen erweisen.

Wenn Sie uns hier bei ConsultingSuccess.com schon einmal eine E-Mail geschickt haben, wissen Sie, dass ich fast jede E-Mail selbst beantworte - abgesehen von den Spammern und den "Wir bringen Sie in fünf Minuten auf die erste Seite von Google"-Schleudern. Die meisten Leute würden glauben, dass dieser Ansatz geschäftlich nicht sehr sinnvoll ist. Er lässt sich nicht sehr gut skalieren. Und in gewisser Hinsicht haben sie Recht. Er ist es nicht. Aber die Menschen schätzen es sehr, wenn sie innerhalb einer angemessenen Zeitspanne eine Antwort von einem echten Menschen erhalten. Das sind Stunden, nicht Tage.

"Vielen Dank, dass Sie sich so schnell bei mir gemeldet haben."

"Sie haben uns wirklich sehr unterstützt!"

"Wow, ich weiß die Antwort wirklich zu schätzen!"

Wir bekommen ständig solche Nachrichten von Leuten. Die Menschen erwarten nicht mehr dieses Maß an Service, und das ist wirklich schade. Heutzutage ist es gang und gäbe, dass man jemandem eine E-Mail schickt und erst nach zwei oder drei Tagen, manchmal nach einer Woche oder länger, eine Antwort erhält. Manchmal erhält man sogar nie eine Antwort. Das ist nicht sehr professionell und keine Art, ein Beratungsunternehmen zu führen.

Es mag harte Arbeit sein und viel mehr Zeit in Anspruch nehmen, aber es ist ein großartiger Weg, um ein nachhaltiges Geschäft aufzubauen, das von Kunden unterstützt wird, die der Welt gerne von Ihnen erzählen.

Meine Kunden kommen aus der ganzen Welt. Sie sind erfahrene Berater, langjährige Geschäftsinhaber, Praktiker auf mittlerer Ebene und solche, die gerade erst Berater werden. Unabhängig davon, woher sie kommen oder welches Fachwissen sie haben, tue ich mein Bestes, um so schnell wie möglich zu antworten.

Das Ergebnis? Erstens sind die Leute schockiert, begeistert und erfreut über den Kundenservice, den ich biete. Zweitens vertrauen sie mir mehr, weil sie wissen, dass ein echter Mensch ihnen tatsächlich antwortet. Drittens unterscheide ich mich dadurch von anderen, die diesen Service nicht bieten. Und viertens ist es gut für das Geschäft.

Das ist richtig. Wenn man sich die Zeit nimmt, professionell zu antworten, ist das sogar gut fürs Geschäft. Ich hoffe, das überrascht Sie nicht. Wenn doch, dann ist das in Ordnung. Es bedeutet, dass Sie eine großartige Gelegenheit haben, das zu verbessern, was Sie derzeit tun.

Ich erzähle Ihnen das alles nicht, um mich selbst zu loben oder meinen Posteingang zu überfluten. Mein Ziel ist es, dass Sie Ihre eigene Kommunikation überprüfen und sehen, ob es Dinge gibt, die Sie tun können, um das Niveau der Betreuung und des Service, den Sie Ihren eigenen Klienten und Kunden bieten, zu verbessern.

Ich mache das auch, damit wir verantwortlich bleiben, wenn mein Unternehmen weiter wächst, und damit ich sicherstellen kann, dass ich kontinuierlich ein Serviceniveau anbiete, das Sie nicht nur zufrieden stellt, sondern Sie begeistert. Es mag harte Arbeit sein, es mag viel mehr Zeit in Anspruch nehmen, aber es ist ein großartiger Weg, um ein nachhaltiges Geschäft aufzubauen, das von Kunden unterstützt wird, die der Welt gerne von Ihnen erzählen.

VERSPRECHEN UND HALTEN

Wenn Sie ein Versprechen geben, halten Sie es. Wenn Sie einem Kunden gesagt haben, dass Sie ihm den gewünschten Bericht bis Donnerstag vorlegen werden, dann schicken Sie ihn auch bis Donnerstag, wenn nicht früher.

Die Kunden sagen es Ihnen vielleicht nicht direkt, aber sie beurteilen alles, was Sie tun. Selbst in ihrem Unterbewusstsein bilden sie sich Meinungen und Gefühle über die Art und Weise, wie Sie arbeiten.

Wenn Ihr Kunde Ihnen nicht voll und ganz vertraut, Sie nicht respektiert und die Arbeit, die Sie für ihn leisten, nicht zu schätzen weiß, wird er, wenn ein anderer Berater auftaucht und ein größeres Versprechen abgibt als Sie oder sagt, dass er weniger verlangt, möglicherweise dazu neigen, sein Geschäft an jemand anderen zu vergeben.

Einer der einfachsten Wege, Ihre Kunden an sich zu binden, besteht darin, ihre Erwartungen zu erfüllen und zu übertreffen.

Sie wissen wahrscheinlich, wie unzuverlässig Baufirmen beim Bau von Wohnhäusern sind. In der Regel sagen sie Ihnen, dass Ihr Haus im Mai fertig sein wird, aber der Mai kommt und geht, und Sie können erst im Juli oder August in Ihr neues Haus einziehen, wenn alle Arbeiten abgeschlossen sind.

Das ist zum Standard geworden. Die Menschen wissen, dass sie das erwarten können. Ebenso haben sich die Unternehmer darauf eingestellt, dass viele Berater und Mitarbeiter nicht so professionell sind, wie sie es gerne hätten. Sie gehen damit um, weil sie das Gefühl haben, dass sie es müssen; es ist die einzige Möglichkeit.

Stellen Sie sich vor, wie überrascht und erfreut sie sind, wenn Sie auftauchen und ihnen einen reaktionsschnellen und fürsorglichen Service bieten. Sie halten Ihre Versprechen, kommen pünktlich zu den Terminen, pflegen eine professionelle Kommunikation und sind angenehm in der Zusammenarbeit.

Es spielt keine Rolle, ob Sie glauben, dass Sie einen guten Service bieten. Es spielt auch keine Rolle, ob Ihre Website oder Ihre Broschüre das behauptet. Wichtig ist nur, was Ihre Kunden denken.

Ich möchte Ihnen eine wahre Geschichte erzählen.

Für den Blog auf meiner Website habe ich ein Kommentarsystem verwendet, um alle Kommentare zu verwalten, die ich erhalte. Ich habe mich für einen Dienst entschieden. Bevor mein Programmierer es für mich installierte, recherchierte ich, welche Möglichkeiten es auf dem Markt gab.

Ich habe die Auswahl auf zwei eingegrenzt. Ich schickte beiden Unternehmen eine E-Mail, um weitere Informationen zu erhalten. Das erste Unternehmen, für das ich mich entschied, antwortete schnell mit einer vollständigen Antwort. Das zweite brauchte viel länger, um mir zu antworten, und die Antwort war nur einen Satz lang - zu kurz für eine vollständige Antwort.

Das war vor über zwei Jahren. Die Dinge haben sich geändert.

Als ich den Blog ConsultingSuccess.com neu gestaltete, begann mein Kommentarsystem zu versagen. Mein Programmierer versuchte alles, um es zu reparieren, aber es ging nicht. Ich schickte eine E-Mail an den Support des Systemanbieters, um Hilfe zu bekommen.
Keine Antwort. Dann habe ich noch eine geschickt. Und eine dritte.

Ich war nicht glücklich. Es ist uns sehr wichtig, meinen Lesern ein tolles Erlebnis zu bieten und ihnen die Möglichkeit zu geben, auf dem Blog zu kommentieren und mit der Community zu interagieren. Ich habe die ganze Sache also nicht auf die leichte Schulter genommen. Ich brauchte eine Lösung.

Und da ich vom Anbieter keine bekommen habe, habe ich beschlossen, mich nach Alternativen umzusehen.

Endlich bekam ich eine Antwort vom Anbieter. Es dauerte nur 72 Stunden! Und die Antwort hat mir nicht geholfen, das Problem zu lösen.

Also schickte ich eine E-Mail zurück ... und wartete wieder. Aber warten war keine Option. Also wechselte ich zu dem zweiten Unternehmen, das ich ursprünglich recherchiert hatte.

Mein neues Unternehmen hat einen langen Weg hinter sich. Bevor ich zu ihnen wechselte, schickte ich ihnen eine E-Mail und sie antworteten innerhalb von 24 Stunden (es waren wohl eher 12 Stunden). Das Kommentarsystem hat alles, was ich brauche, und bisher bin ich sehr zufrieden damit.

Warum sollten Sie sich für meine Probleme mit dem Kommentarsystem interessieren? Weil es für jeden Berater relevant ist.

Sie MÜSSEN Ihren Kunden den besten Service bieten und sie begeistern. Wenn Sie es nicht schaffen, Ihre Kunden auf Schritt und Tritt zu begeistern, ist ihre Geduld irgendwann zu Ende, und dann werden sie sich nach einer Alternative umsehen. Sie werden einen anderen Berater finden, der das kann, was Sie können, und von dem sie glauben, dass er ihnen einen besseren Service bieten kann.

Wenn Sie in einer Branche tätig sind, in der es keine Konkurrenz gibt, haben Sie Glück. In diesem Fall kann Ihr Kunde nicht wirklich das Schiff wechseln. Heutzutage gibt es jedoch mehr Möglichkeiten als je zuvor. Die Branche und das Produkt ohne Konkurrenz sind selten.

Deshalb müssen Sie auf dem Laufenden bleiben. Seien Sie immer auf der Höhe der Zeit. Und machen Sie es sich zur obersten Priorität, Ihre Kunden zufrieden zu stellen. Wenn Sie das nicht tun, wenn Sie aus irgendeinem Grund glauben, dass Sie darüber stehen oder dass alles in Ordnung ist, dann machen Sie sich darauf gefasst, dass Sie ein böses Erwachen erleben könnten.

Es ist von entscheidender Bedeutung, die Erwartungen Ihrer Kunden zu erfüllen und zu übertreffen. Im Folgenden finden Sie einige Tipps, wie Sie die Erwartungen Ihrer Kunden erfüllen können.

- Seien Sie zu jeder Sitzung pünktlich. Seien Sie sogar fünf Minuten
- früher da.

Beantworten Sie Telefonanrufe und E-Mails innerhalb von Stunden oder Minuten, wenn Sie können und Ihre andere Arbeit nicht unterbrochen wird. Das wird Ihre Kunden umhauen.

- Tun Sie, was Sie versprechen. Wenn Sie versprechen, sich zu melden oder weitere Informationen zu liefern, dann tun Sie das auch! Punkt.

- Ergebnisse liefern. Dieser Punkt ist RIESIG. Liefern Sie die Ergebnisse, die Sie und Ihr Kunde für das Projekt vereinbart haben, oder übertreffen Sie sie. Dies ist der wichtigste Punkt.

- Schicken Sie Ihren Kunden Geschenke und Dankesbriefe.

- Schicken Sie Ihren Kunden eine E-Mail, wenn Sie einen Nachrichtenbericht, eine Studie oder eine andere Information finden, die für ihr Geschäft relevant ist, auch wenn sie nicht darum gebeten haben. Alles, was Sie tun können, um Ihren Kunden zu zeigen, dass Sie an sie denken, sagt eine Menge über Sie aus.

Verstehen Sie, wie diese einfachen Dinge Sie auf dem Markt hervorheben können?

KLEINE DINGE SUMMIEREN SICH

Einige einfache Dinge, die Sie tun oder nicht tun, können auch dazu führen, dass Sie auffallen - und zwar auf eine schlechte Art und Weise.

Ein großer Fehler, den viele Berater und Freiberufler beim Einstieg ins Beratungsgeschäft begehen, ist, dass sie so tun, als wüssten sie schon alles.

Wenn Ihnen ein Kunde eine Frage stellt und Sie die Antwort nicht wissen, versuchen Sie nicht, sie zu verdrehen.

Es ist nicht schlimm, wenn man nicht alles weiß. Ihr Kunde wird nicht auf Sie herabsehen, wenn Sie nicht die Antwort haben, nach der er gerade sucht. Wenn Sie die Antwort wissen, ist das großartig, aber wenn Sie sie nicht wissen, was sollen Sie dann tun?

Am besten ist es, wenn Sie einfach sagen: "Ich bin mir im Moment nicht sicher, aber ich werde mich darum kümmern, die Antwort bestätigen und mich bald wieder bei Ihnen melden.

Der nächste Schritt? Tun Sie es. Sobald Ihr Gespräch beendet ist und Sie die Möglichkeit haben, die Antwort herauszufinden, sollten Sie sie per E-Mail oder telefonisch mitteilen. Sie werden beeindruckt sein.

Oftmals hat Ihr Kunde bereits vergessen, dass er Sie um diese Informationen gebeten hat, so dass Sie Ihren Enthusiasmus und Ihre Fähigkeiten zur Nachbereitung zeigen. Am Ende wirken Sie sehr professionell.

Die Kunden merken es, wenn Sie sich nicht die Mühe machen, die Sie brauchen. Nehmen Sie keine Abkürzungen. Das Problem bei Abkürzungen ist das, was man überspringt. Eine Abkürzung bei einem Projekt mag keine große Sache sein, aber eine Reihe von kleinen Abkürzungen summieren sich - die Qualität leidet, und das wirft ein schlechtes Licht auf Sie und Ihr Unternehmen.

Ich gebe Ihnen ein Beispiel und einen Rat, der mir im Laufe der Jahre gute Dienste geleistet hat.

Ich bereitete mich auf eine monatliche Strategiesitzung mit einem Kunden vor und bat einen Auftragnehmer, der für mich arbeitet, einige Recherchen durchzuführen und alles zusammenzustellen, damit ich es bei der Sitzung verwenden konnte.

Als er die Arbeit beendete und sie mir zuschickte, war ich nicht zufrieden. Er hatte zwar einige Informationen zusammengetragen und recherchiert, aber sie standen ungeordnet auf der Seite und waren nicht vollständig.

Es fehlten kleine Teile wichtiger Informationen. Ein Preis hier, eine Statistik dort. Sie machten vielleicht 15 Prozent des Inhalts aus, aber ohne sie war das Dokument nicht für die Sitzung geeignet.

Es hätte den Auftragnehmer nicht lange gekostet, diese weiteren Informationen hinzuzufügen. Er brauchte nur auf die Websites zuzugreifen, die er bereits aufgelistet hatte, und noch ein paar Minuten damit zu verbringen, ein paar weitere Zahlen aufzuschreiben.

Warum hat er es nicht getan? Weil er zu faul war und eine Abkürzung nehmen wollte. Aber das gilt nicht nur für ihn. Die Geschäftswelt ist voll von Menschen, die versuchen, Abkürzungen zu nehmen.

Wenn Sie zu einer Sitzung gehen, müssen Sie übermäßig vorbereitet sein.

Zu viele Berater gehen mit dem Nötigsten zu Sitzungen. Das Problem ist, dass sie wissen, was sie sagen wollen, aber sie vergessen, die Fragen zu berücksichtigen, die ihre Kunden ihnen stellen könnten.

Eine gute Vorbereitung gibt Ihnen Selbstvertrauen. Sie gehen in die Besprechung, wenn alles in Ordnung ist, und egal, welche Fragen Ihr Kunde Ihnen stellt, Sie sind in den meisten Fällen darauf vorbereitet, sie zu beantworten und haben Unterlagen, die Sie ihm zeigen können.

WERDEN SIE NICHT SELBSTGEFÄLLIG

Ich war seit mindestens zehn Jahren bei demselben Zahnarzt. Er ist freundlich, persönlich, im Allgemeinen pünktlich und kennt sich mit dem Mund aus. Er tut das, was ich von einem Zahnarzt erwarte, und er tut es sehr gut. Aus diesem Grund habe ich nie daran gedacht, den Zahnarzt zu wechseln.

Dann, eines Tages, zog mein Zahnarzt in eine neue Praxis. Eine größere. Und jetzt arbeiten drei Zahnärzte unter einem Dach. Das Personal ist freundlich. Das Design der neuen Praxis ist großartig. Es hat sogar die neueste Technologie mit Flachbildfernsehern, Fernbedienungen und Computern.

Zum Glück hatte sich nicht allzu viel verändert. Aber etwas war im Begriff, sich zu ändern.

Ich rief an, um den Termin für meinen nächsten Besuch zu ändern, da ich ins Ausland reisen würde. Mein Zahnarzt war nicht verfügbar, aber einer der anderen Zahnärzte in der Praxis schon. Klar, ich werde es bei ihm versuchen, dachte ich. Dieser nächste Termin änderte alles.

Dieser neue Zahnarzt war jünger, wenn auch weniger erfahren, aber das schien nicht so zu sein. Er war viel persönlicher, stellte wichtige Fragen, nahm sich mehr Zeit für mich und machte eine gründlichere Arbeit.

Diese Erfahrung öffnete mir die Augen für die Qualität, die ich bei meinem derzeitigen Zahnarzt vermisste. Ich hatte Qualität und einen guten Service erwartet. Aber der neue Zahnarzt bot mir etwas Großartiges. Jetzt frage ich jedes Mal, wenn ich einen Termin buche, nach dem neuen Zahnarzt. Er hat mein Vertrauen gewonnen.

Die Lektion: Werden Sie nicht selbstgefällig. Akzeptieren Sie nicht den Standard, den Durchschnitt oder gerade gut genug, denn an dem Tag, an dem jemand bessere Ergebnisse, einen besseren Service oder eine bessere Qualität liefert als Sie, wird die Loyalität Ihrer Kunden versiegen. Bleibt dies unkontrolliert und unkorrigiert, kann dies auch Ihr Unternehmen treffen.

VERSCHAFFEN SIE IHRER MEINUNG GEHÖR

Ein weiterer Fehler, den viele Berater machen, ist, dass sie ihre Meinung nicht äußern. Auf den ersten Blick scheint es kein großes Problem zu sein, seine Meinung nicht zu äußern, auch wenn sie den Wünschen des Kunden zuwiderläuft.

Sie bezahlen Sie; Ihre Aufgabe ist es, sie bei Laune zu halten, richtig? Falsch!

Natürlich müssen Sie Ihren Kunden zufrieden stellen. Die meisten Menschen, die sich in dieser Situation befinden, verkennen jedoch, dass ihre Kunden eigentlich WOLLEN, dass man ihnen von Zeit zu Zeit Unrecht tut.

Sie werden für Ihre professionelle Meinung bezahlt und nicht dafür, dass Sie ihnen immer zustimmen. Die Befürchtung, dass man gefeuert wird, weil man "dem Chef widerspricht", bewahrheitet sich selten. Es ist verständlich, dass viele Menschen Schwierigkeiten damit haben, den Chefs die Stirn zu bieten, indem sie ihnen sagen, dass sie im Unrecht sind. Die meisten Unternehmenseigentümer neigen dazu, eine starke Meinung zu haben, und sie sind nicht immer die zugänglichsten Menschen.

Das darf Sie nicht aufhalten.

Ihre Aufgabe ist es, so schwierig es auch erscheinen mag, Ihrem Kunden immer Ihre wahre Meinung zu sagen und nicht das, was er Ihrer Meinung nach hören möchte, auch wenn es gegen seine Überzeugung geht.

Zur Klarstellung. Das bedeutet nicht, dass Sie Ihren Kunden einfach sagen, sie hätten Unrecht, und es dabei belassen. Wenn Sie eine andere Meinung vertreten, sollten Sie besser eine Begründung oder eine Fallstudie haben, die Sie zur Erläuterung Ihrer Argumentation verwenden können.

Sie werden feststellen, dass Ihr Kunde zu schätzen weiß, was Sie zu sagen haben. Und wenn Sie Beweise oder stichhaltige Gründe für die Richtigkeit Ihres Vorschlags vorlegen können, stehen die Chancen gut, dass er sich Ihrer Empfehlung anschließt, auch wenn er es zunächst nicht tut.

Und selbst wenn nicht, macht das nichts. Letztendlich geht es nicht darum, einen Coup zu landen. Es geht darum, sicherzustellen, dass Ihre Meinung bekannt ist und dass Sie alles tun, was Sie können, um Ihren Fall zu unterstützen - im besten Interesse Ihres Mandanten.

Wenn sie sich dazu entschließen, Ihre Meinung zu ignorieren, und die Dinge nicht so laufen, wie sie sollten, kennen sie wenigstens Ihren Standpunkt und können nicht zurückkommen und Ihnen die Schuld geben.

ZEIT IST GELD

Zeit ist Geld. Das gilt sowohl für Sie als auch für Ihren Kunden. Die meisten Geschäftsinhaber schätzen es, wenn Sie auf den Punkt kommen und ihre Zeit und Ressourcen respektieren. In Meetings können Sie Ihrem Kunden Ihren Respekt zeigen, indem Sie ihn in Bewegung halten.

Wenn Besprechungen aus dem Ruder laufen, wird Ihre Zeit vergeudet. Projekte erhalten weniger Aufmerksamkeit als sie verdienen. Hier sind fünf Dinge, die Sie beachten sollten, damit Sie das Geschwätz in Meetings in konzentrierte und produktive Kundengespräche verwandeln können.

1. KLEINES GESPRÄCH

Smalltalk ist in vielen Situationen notwendig. Wenn Sie zum Beispiel gerade damit beginnen, eine Beziehung zu einem neuen Kunden oder Interessenten aufzubauen, ist es in Ordnung und normal, sich über das Wetter, Sport, Nachrichten usw. zu unterhalten, um sich aufzuwärmen. Dies kann sogar ein sehr wichtiger Teil der Stärkung Ihrer Beziehung zu Ihrem Kunden sein.

2. UNTER KONTROLLE HALTEN

Sobald Sie eine gute Arbeitsbeziehung zu Ihrem Kunden aufgebaut haben, sollten Sie jedes Treffen so schnell wie möglich auf geschäftliche Angelegenheiten ausrichten. Wenn der Zweck des Treffens nicht das gegenseitige Kennenlernen ist, sollten Sie aufhören, am Knochen zu nagen, und sich dem Fleisch zuwenden.

3. DER WERT DER KONZENTRATION

Denken Sie daran, dass Ihre Kunden Sie wegen Ihres Fachwissens und dessen, was Sie für sie tun können, einstellen. Sie wissen, dass Sie tatsächlich arbeiten müssen, um etwas zu erreichen. Indem Sie ihnen zeigen, dass Sie Ihre Zeit mit ihnen verbringen wollen, um sich auf das Geschäft zu konzentrieren, demonstrieren Sie Ihren Wunsch, Ergebnisse zu erzielen.

4. RICHTUNG GEBEN

Nur weil Ihr Kunde Sie bezahlt, heißt das nicht, dass er der Chef sein sollte. Auch sie brauchen eine Anleitung. Wenn Sie Ihrem Kunden erlauben würden, alles so zu machen, wie er es will... nun, dann wäre er auch nicht weiter und bräuchte Sie nicht, oder? Wie ich bereits in einem früheren

Beitrag zum Thema "Ihre Meinung als Berater zählt" erwähnt habe, ist es in Ordnung, sich gegen die Wünsche Ihres Kunden zu stellen - er respektiert das sogar. Wenn die Besprechung ins Stocken gerät, vor allem, wenn mehrere Personen anwesend sind, ist es Ihre Aufgabe, sich (auf höfliche Weise) Gehör zu verschaffen und die Besprechung wieder in Gang zu bringen.

5. GERADE UND FREUNDLICH

Um die Aufmerksamkeit Ihres Gesprächspartners zu gewinnen, warten Sie auf eine Gesprächspause und bereiten Sie sich darauf vor, den ersten Schritt zu tun. Sobald einer der Gesprächspartner seinen Satz beendet hat, können Sie mit einer der folgenden Methoden einsteigen:

- *"Okay, Leute, machen wir weiter mit..."*
- *"Wir sollten wahrscheinlich weitermachen mit..."*
- Halten Sie ein Blatt Papier mit Ihren Notizen hoch und sagen Sie: *"Als Nächstes sollten wir über..." sprechen.*
- *"Tut mir leid, Leute, aber ich habe heute nur bis 14 Uhr Zeit, es wäre also toll, wenn wir..."*

Ich würde es vermeiden, solche Dinge zu sagen (es sei denn, Sie stehen Ihren Kunden sehr nahe):

- *"Yo! Wir müssen zurück zu..."*
- *"Hey! Konzentrieren wir uns auf..."*

Sie verstehen, was ich meine. Wenn Sie glauben, dass es besser ist, sich ruhig zu verhalten und Ihrem Kunden den Vortritt zu lassen, sollten Sie noch einmal darüber nachdenken. Das wäre ein Fehler.

Davon abgesehen...

ZUSÄTZLICHER PUNKT: ES IST VON FALL ZU FALL

Manchmal muss man einfach nur zuhören. Ich erinnere mich, wie ich mich mit einer Kundin zusammensetzte und mich mehr wie ihr Therapeut als ihr Berater fühlte. Sie hatte in ihrem Leben viel um die Ohren, und das wirkte sich auch auf ihr Geschäft aus. Ich konnte ihr ansehen, dass sie sich Luft machen musste.

In diesem Fall bestand meine Aufgabe nicht darin, sie zu einem Geschäftsgespräch zu drängen, sondern ihr zuzuhören und sie zu unterstützen, damit sie sich neu orientieren konnte, sich besser fühlte und ihr Geschäft davon profitierte.

IHRE KUNDEN AUF IHRER SEITE HABEN

Nichts macht Ihre Kunden glücklicher, als wenn Sie gute Arbeit leisten und Ergebnisse erzielen. Selbst wenn die Zusammenarbeit mit Ihnen mühsam ist, wenn Sie wirklich etwas leisten, werden sie geneigt sein, bei Ihnen zu bleiben. Sie werden wahrscheinlich hinter Ihrem Rücken über Sie reden und Sie als Nervensäge bezeichnen, aber wenn Sie Ihre Leistung erbringen, werden sie Sie auf ihrer Seite behalten.

Das heißt nicht, dass Sie dies anstreben sollten. Ja, arbeiten Sie hart und stellen Sie sicher, dass Sie Ergebnisse liefern, aber halten Sie sie bei Laune. Dazu gehört auch, dass Sie ihnen zeigen, wie wichtig sie für Sie sind. Eine gute Möglichkeit, sie bei der Stange zu halten, ist das Versenden von Geschenken und Wertschätzungsschreiben.

Zu viele Berater geben wenig oder gar kein Geld aus, um ihren Kunden ihre Wertschätzung zu demonstrieren. Dabei geht es nicht darum, ihr Geschäft zu kaufen, sondern darum, die Beziehung aufzubauen und zu stärken.

Wie viel Geld sollten Sie jedes Jahr für Ihre Kunden ausgeben?

Wenn Sie von einem Kunden auch nur 1.000 Dollar pro Monat erhalten, sind das 12.000 Dollar pro Jahr. Wäre es angemessen, 200 bis 400 Dollar pro Jahr auszugeben, um dem Kunden zu zeigen, dass Sie sein Geschäft zu schätzen wissen?

Wenn ich eine gute Flasche Wein genossen habe, gehe ich oft zurück in den Laden und hole ein paar weitere Flaschen, bringe sie zurück ins Büro, lege eine Karte dazu und lasse sie meinen Kunden zukommen. In solchen Fällen sage ich nicht: "Vielen Dank für Ihr Geschäft", denn das klingt, als ob Sie versuchen würden, ihr Glück zu kaufen.

Stattdessen schreibe ich eine kurze Notiz mit folgendem Inhalt: "Mark, ich habe gestern Abend diese großartige Flasche Wein genossen und dachte, du würdest sie auch mögen. Mit freundlichen Grüßen, Michael." Das war's. Ihr erster Gedanke, wenn sie es erhalten, ist: "Wow, das ist nett von ihm." Und das ist mein Ziel. Sie finden es nett und wissen zu schätzen, dass ich sie schätze. Das ist Teil des Aufbaus einer Beziehung.

Kleine Dinge wie diese sind das ganze Jahr über eine gute Möglichkeit, sich von anderen auf dem Markt zu unterscheiden und die Aufträge Ihrer Kunden zu erhalten.

Ein paar Mal im Jahr verschicke ich auch einen Geschenkkorb - einen mit tropischen Früchten und einen mit Pralinen.

DIE BESTEN BELOHNEN

Wer sind Ihre besten Beratungskunden? Sie werden wahrscheinlich nicht lange brauchen, um herauszufinden, wer sie sind. Wenn ich beste Kunden sage, meine ich nicht die freundlichsten oder nettesten oder sogar Ihre Lieblingskunden.

Mit "am besten" meine ich Ihre treuesten und wertvollsten.

Diejenigen, die am längsten bei Ihnen sind und das meiste Geld für Sie ausgeben.

Sie wissen wahrscheinlich genau, wer sie sind. Wie behandeln Sie sie? Genauso wie alle Ihre anderen Kunden? Vielleicht glauben Sie, dass alle Kunden gleich behandelt werden sollten?

Nun, wenn Ihre besten Kunden mit all Ihren anderen Kunden in einen Topf geworfen werden, ist es an der Zeit, etwas zu ändern.

Ihre besten Kunden sollten anders behandelt werden. Und warum? Weil es nur sinnvoll ist, mehr Zeit, Energie und Geld aufzuwenden, um die Menschen, die Sie am meisten bezahlen, so glücklich wie möglich zu machen.

Wie sieht eine bessere Behandlung aus? Dazu können Dinge gehören wie:

* Schnellere Beantwortung ihrer E-Mails und Anrufe.
* Mehr Zeit in Ihrem Terminkalender einplanen, um sie zu sehen, wann
* es ihnen passt. Die Extrameile für sie zu gehen, nicht nur ein- oder
* zweimal, sondern jedes Mal.

Bieten Sie ihnen bei jeder sich bietenden Gelegenheit an, ihnen in irgendeiner Weise zu helfen.

- Schicken Sie ihnen nicht nur zu den großen Feiertagen, sondern auch zu unerwarteten Anlässen Geschenke und Dankesbekundungen.
- Sie verweisen sie an zusätzliche Unternehmen.
- Ständig auf der Suche nach neuen Möglichkeiten, die ihnen helfen, ihr Geschäft auszubauen.

Wenn Sie Ihre besten Kunden bei Laune halten, werden diese auch Ihre besten Kunden bleiben.

Das ist nicht nur vernünftig, sondern auch ein gutes Geschäft.

UMGANG MIT KUNDENPROBLEMEN

Die meisten Probleme mit Kunden entstehen aufgrund von Kommunikationsfehlern. Der wahrscheinlichste Übeltäter ist die E-Mail. Unsere Abhängigkeit von diesem Instrument hat zu einer Verschlechterung unserer Kommunikationsfähigkeiten geführt.

Es ist nicht so, dass ich E-Mails nicht mag. Ich nutze sie jeden Tag, aber es gibt Leute, die sich nicht trauen, zum Telefon zu greifen und mit ihren Kunden zu sprechen. Also schicken sie immer E-Mails. Das ist ein großer Fehler.

Hier ist ein Beispiel, das die Herausforderungen der E-Mail verdeutlicht. Wenn Sie versuchen, eine Besprechung per E-Mail zu vereinbaren, wie viele Hin- und Her-Nachrichten sind dann normalerweise erforderlich? Eine, um den Vorschlag zu machen, eine weitere, um zu sagen: "Ja, das ist eine gute Idee, aber wie wäre es mit einem Tag später?", dann eine Antwort, die besagt: "Toll, dann machen wir es um 10 Uhr", und dann eine letzte, die besagt: "Toll, bis dann." Im Durchschnitt erhalten Sie vier bis fünf E-Mails, um ein Treffen zu vereinbaren. Vergleichen Sie das mit dem Telefonieren und dem Vereinbaren einer Besprechung. Ein Anruf, fertig.

Das schlimmste Beispiel dafür ist, wenn Sie eine E-Mail von einem Kunden erhalten, der unzufrieden zu sein scheint. Der unerfahrene Berater wird auf diese E-Mail mit einer weiteren E-Mail antworten, in der er versucht, das Problem zu lösen. Leider funktioniert das selten. Der erfahrene Berater wird zum Telefon greifen und den Kunden anrufen. Sie gehen gemeinsam das Problem durch und besprechen mögliche Lösungen. In neun von zehn Fällen funktioniert das sehr gut.

Daran ist wirklich niemand schuld. In E-Mails fehlen viele Informationen, die wir zur Lösung von Problemen benötigen.

Wenn Sie jemals eine unglücklich aussehende E-Mail von einem Kunden erhalten, hier sind zwei Vorschläge:

1) Schicken Sie eine E-Mail zurück und vereinbaren Sie einen Termin für ein persönliches Treffen. Dies ist die ideale Situation für komplexere Probleme.

2) Greifen Sie sofort zum Telefon und rufen Sie den Kunden an. Ein Telefongespräch liefert so viel mehr Informationen, dass Sie das Problem in fast allen Fällen gleich vor Ort lösen können.

Die E-Mail ist ein großartiges Instrument, aber ihr Fluch ist, dass sie die Menschen dazu verleitet, viele Annahmen zu treffen. Das muss nicht sein und sollte es auch nicht sein.

WANN UND WIE SIE IHRE KUNDEN ENTLASSEN

Ich hatte das Glück, mit dieser Situation nicht sehr oft konfrontiert zu werden. In all den Jahren, in denen ich als Berater tätig bin, habe ich zwar zahlreiche Projekte abgelehnt, musste mich aber nur von zwei Kunden trennen. "Entlassen" ist ein sehr hartes Wort, aber so denken die meisten von uns.

Keiner von uns tut das gerne, es ist kontraintuitiv, aber manchmal muss es getan werden.

Lassen Sie uns also zunächst darüber sprechen, warum Sie überhaupt in Erwägung ziehen sollten, einen Kunden zu entlassen, und dann gehen wir darauf ein, wie Sie es tun können.

SCHLAFEN

Wenn Sie nichts Neues lernen und Ihnen das Projekt keinen Spaß macht, ist es an der Zeit, sich nach einer Veränderung umzusehen. Ihr Interesse und Ihre Leidenschaft zeigen sich in Ihrer Arbeit, also machen Sie entweder mit oder steigen Sie aus. Wenn Sie finanziell in der Lage sind, sich Ihre Arbeit selbst auszusuchen, dann sollten Sie Ihre Zeit nicht mit Projekten verbringen, die Ihnen keinen Spaß machen. Das bedeutet nicht, dass jede Minute eine Party sein muss, aber Sie sollten stimuliert werden und ständig lernen.

ES INTERESSIERT SIE EINFACH NICHT

Wenn Ihr Kunde immer nur langsam antwortet, nur schwer einen Termin bekommt und wenig Interesse an dem Projekt zeigt, ist das ein Zeichen dafür, dass er die Arbeit, die Sie leisten, nicht schätzt oder sich einfach nicht dafür interessiert. Das ist nicht die Art von Kundenbeziehung, die Sie sich wünschen. Sie werden sich eine Menge Ärger und Stress ersparen, denn diese Art von Kunden werden Sie verfolgen müssen, um Antworten von ihnen zu erhalten.

ZEIG MIR DAS GELD

Wenn Sie viel Arbeit leisten und nicht angemessen entlohnt werden, sollten Sie etwas dagegen tun. Sagen Sie dem Kunden entweder, dass Sie zusätzliche Stunden in Rechnung stellen müssen oder dass Sie Ihr Beratungshonorar erhöhen müssen. Wenn er darauf nicht eingeht, ist es an der Zeit, sich zu verabschieden. Wenn Sie gute Arbeit leisten, haben Sie es verdient, an dem Projekt mitzuverdienen.

KEINE MASSNAHMEN, KEINE ERGEBNISSE

Ein Problem mit manchen Kunden ist, dass sie nichts unternehmen. Sie bezahlen Sie, sie sagen Ihnen vielleicht sogar, dass sie mit Ihrer Arbeit zufrieden sind, aber wenn es an der Zeit ist, Ihre Empfehlungen umzusetzen, passiert nichts. Hier geht es weniger darum, sie zu entlassen, als sich mit ihnen zusammenzusetzen und herauszufinden, wie Sie ihnen bei der Umsetzung helfen können.

Denn wenn Sie sich den Hintern aufreißen und der Kunde nicht mitzieht, werden Sie keine Ergebnisse sehen. Und das wird Ihnen später zum Verhängnis.

Es ist nicht leicht, eine Kundenbeziehung zu beenden, aber man hat jeden Tag nur so viel Zeit, und es lohnt sich einfach nicht, diese Zeit mit Leuten zu verbringen, mit denen man nicht gerne zusammenarbeitet.

So beenden Sie es. Vereinbaren Sie zunächst ein persönliches Treffen mit Ihrem Kunden und besprechen Sie Ihre Bedenken. E-Mails sind in dieser Situation nicht geeignet. Ein persönliches Treffen oder ein Telefongespräch ist unerlässlich. Ein persönliches Gespräch ist ideal (aber nicht erforderlich). Zeigen Sie Ihrem Kunden, dass Sie wirklich besorgt sind; sagen Sie ihm, warum und wie er die Dinge zum Guten wenden kann.

Wenn er Ihnen zuzustimmen scheint und versteht, was getan werden muss, um die Beziehung erfolgreich zu gestalten, versuchen Sie es noch einmal. Wenn der Kunde immer noch zurückgezogen oder passiv wirkt, lassen Sie ihn wissen, dass Sie die Zusammenarbeit fortsetzen möchten, aber wenn die Dinge so weiterlaufen wie bisher, werden Sie dazu nicht in der Lage sein.

WIE MAN ES SAGT

Formulieren Sie dies so, dass die Entscheidungsbefugnis in den Händen Ihres Kunden liegt - zumindest wird er das so empfinden. Wenn er seinen Teil der Abmachung nicht einhält, ist es für Sie ein Leichtes, das Gespräch zu beenden. Sie wollen nicht zu stark erscheinen und den Eindruck erwecken, dass "es nach mir geht oder nach der Straße".

In den meisten Fällen können Sie die Dinge zum Guten wenden. Aber wenn Ihr Kunde Ihnen mehr Stress als Nutzen bringt, selbst wenn er Ihnen Geld einbringt, ist er es oft nicht wert. Sobald Sie die schwierige Beziehung beendet haben, werden Sie sich erleichtert fühlen.

Außerdem haben Sie dann die Möglichkeit, neue Kunden zu finden, mit denen Sie gerne zusammenarbeiten, und neue Projekteinnahmen zu erzielen - und das alles in kürzester Zeit.

DIE MACHT DER FORTSCHRITTSBERICHTE

Fortschrittsberichte sind eines der wirksamsten Mittel, um Ihre Kunden bei Laune zu halten, sicherzustellen, dass das Projekt auf dem richtigen Weg ist, und den Auftrag zu erhalten.

Die meisten Berater haben zwar gute Absichten und wollen regelmäßige Fortschrittsberichte vorlegen, tun dies aber nicht.

Ein Fortschrittsbericht ist ein einfaches (oft nur eine Seite langes) Dokument, das drei Dinge beschreibt:

1) Welche Arbeiten wurden abgeschlossen und welche Ergebnisse wurden erzielt?

2) Woran Sie gerade arbeiten und wie der Stand der Dinge ist.

Woran Sie als Nächstes arbeiten werden (oder was Sie vorschlagen) und welchen Nutzen Sie daraus ziehen.

Dieser dreistufige Prozess klingt sehr einfach, und das ist er auch. Aber die Wirkung, die er hat, ist ziemlich tiefgreifend und kraftvoll. Gehen wir auf jeden der drei Teile des Fortschrittsberichts ein:

Teil 1 - Wenn Sie Ihrem Kunden mitteilen, was Sie fertiggestellt haben, und ihm die Ergebnisse zeigen, fühlt er sich gut, weil es seine Ausgaben rechtfertigt und ihm zeigt, dass es eine gute Entscheidung war, Sie zu beauftragen. Wenn die Ergebnisse nicht gut sind, müssen Sie natürlich einen Plan haben, um zu erklären, warum und wie sie behoben werden.

Teil 2 - Indem Sie ihnen zeigen, woran Sie gerade arbeiten, und sie über den aktuellen Stand der Dinge informieren, können sie sehen, dass Sie hart arbeiten, was wiederum rechtfertigt, Sie weiterhin für Ihr Fachwissen zu bezahlen.

Teil 3 - Dies ist ein wichtiger Punkt. Indem Sie die nächsten Schritte aufzeigen oder Empfehlungen für die nächsten Schritte geben, geben Sie Ihren Kunden die Möglichkeit, den Wert der laufenden Arbeit zu verstehen und zu erkennen. Wenn Sie keine nächsten Schritte geplant haben, denken Sie sich welche aus, die für Ihren Kunden von Nutzen sind. Das kann die

Fortsetzung der Arbeit in demselben Geschäftsfeld oder die Arbeit in einem neuen Bereich sein.

Wenn Sie sich nur auf das konzentrieren, was Sie vereinbart haben, und nicht daran arbeiten, den nächsten Schritt zu tun, wird Ihr Projekt schnell enden, und Sie lassen eine Menge Geld auf dem Tisch liegen.

Fortschrittsberichte sind sehr einfach zu erstellen. Sie können so einfach sein wie ein paar Abschnitte auf einem Blatt Papier mit Aufzählungspunkten oder ein Diagramm, das die Ergebnisse anzeigt, oder beides.

Dies ist ein oft übersehener Bereich der Beraterrolle. Aber es ist etwas, das Sie auf jeden Fall regelmäßig tun sollten.

Da die meisten meiner Kunden einen monatlichen Vertrag haben, stelle ich ihnen monatlich einen Fortschrittsbericht zur Verfügung. Da die Erstellung dieser Berichte jedoch nur wenig Zeit in Anspruch nimmt, kann ich sie bei Bedarf jederzeit fertigstellen.

DIE 10-MINUTEN-HERAUSFORDERUNG ZUR EINKOMMENSSTEIGERUNG

Ich bin ein großer Verfechter der Stärkung von Kundenbeziehungen, und die von mir angebotenen Ratschläge werden Ihr Einkommen steigern. Ich möchte Ihnen jedoch zeigen, wie wirkungsvoll das Management Ihrer Kundenbeziehungen wirklich ist und wie schnell Sie damit Geld verdienen können. Hier ist Ihre Herausforderung, wenn Sie sie annehmen wollen.

In einer Minute werde ich Ihnen die Einzelheiten dieser Herausforderung erläutern.

Wie Sie inzwischen wissen, bin ich ein großer Verfechter des Aufbaus und der Stärkung von Kundenbeziehungen. Wenn man es richtig anstellt, kann man aus einem kleinen Projekt ein großes machen, aus einem einmaligen Zahltag ein wiederkehrendes Jahreseinkommen.

Aber nun zurück zu der Frage, wie Sie in den nächsten zehn Minuten mehr Geld verdienen können.

Das müssen Sie tun:

Dazu muss mindestens ein Beratungskunde kontaktiert werden, wenn nicht sogar mehrere. Hierfür gibt es zwei Ansätze:

a) Denken Sie an die Arbeit, die Sie derzeit für Ihren Kunden leisten. Überlegen Sie nun, welche anderen Dienstleistungen oder Produkte für den Kunden von Nutzen wären. Was wäre eine weitere Möglichkeit, wie Sie ihm helfen können, sein Ziel zu erreichen?

b) Nehmen Sie sich fünf Minuten Zeit und recherchieren Sie ihre Branche. Suchen Sie nach ihren Konkurrenten. Suchen Sie ihren Namen. Informieren Sie sich über die neuesten Nachrichten. Das Wichtigste ist, Informationen zu finden, die für Ihren Kunden relevant sind.

Ihr nächster Schritt besteht darin, zum Telefon zu greifen (das ist der beste Weg) oder Ihrem Kunden eine E-Mail zu schicken. Erzählen Sie ihm von Ihrer Idee, die seinem Unternehmen helfen würde, oder von dem relevanten Zeitungsausschnitt oder den Informationen, die Sie gefunden haben und von denen Sie glauben, dass sie ihn interessieren würden.

Das war's. Zwei einfache Schritte

Warum funktioniert das?

Das funktioniert und wird Ihnen mehr Geld einbringen, denn die Kunden sind immer offen für neue Ideen, die IHNEN helfen, mehr Geld zu verdienen. Wenn Ihnen etwas einfällt, das dazu beiträgt, werden sie davon hören wollen.

Wenn Sie Ihren Kunden relevante Informationen zur Verfügung stellen, signalisieren Sie ihnen automatisch, dass Sie wirklich auf ihrer Seite stehen, dass Sie mehr tun als nur "Ihre Arbeit zu erledigen". Sie müssen wirklich wichtig sein, wenn Sie "nur zusätzliche Nachforschungen über ihr Unternehmen anstellen". Sie brauchen nicht zu wissen, dass Sie fünf Minuten dafür gebraucht haben. Es zeigt, dass Sie sich kümmern, und das führt dazu, dass sie weiter mit Ihnen zusammenarbeiten möchten.

Tun Sie es sofort! Schieben Sie es nicht um ein paar Stunden oder Tage auf. Wenn Sie wirklich mehr Geld verdienen und erfolgreicher sein wollen, dann lassen Sie die Ausreden beiseite und machen Sie es genau jetzt.

CHECKLISTE: KUNDEN UND BEZIEHUNGEN

☐ Meine Kunden halten mich für ein offenes Ohr für ihre Bedürfnisse.

Ich halte alle Versprechen, die ich meinen Kunden gebe.

☐ Letztes Jahr habe ich $_____ für meine Kunden ausgegeben, dieses Jahr werde ich $_____ ausgeben.

☐ Ich habe die Kunden ermittelt, die meine besten sind.

Wenn ich jemals ein Problem mit einem Kunden habe, rufe ich ihn an oder vereinbare ein persönliches Treffen, anstatt mich auf E-Mails zu verlassen.

So weit wie möglich werde ich nur mit Kunden arbeiten, mit denen ich gerne zusammenarbeite.

Ich verwende (oder werde verwenden) regelmäßig Fortschrittsberichte mit meinen Kunden.

☐ Ich habe an der 10-Minuten-Einkommenssteigerung Challenge teilgenommen.

LEKTION 10: BERATUNGSSYSTEME UND ABRECHNUNG

ERFOLGREICHE BERATER NUTZEN SYSTEME

Ich hatte das Vergnügen, über ein Jahrzehnt lang nicht nur als Berater zu arbeiten, sondern auch andere Beratungsunternehmen zu beraten und mit ihnen zusammenzuarbeiten.

Durch mein eigenes Unternehmen und diese Beratungskunden hatte ich die Gelegenheit, in über zwanzig Branchen zu arbeiten und aus erster Hand zu erfahren, wie verschiedene Berater ihre Unternehmen führen.

Erfolgreiche Berater verwenden Systeme. Sie haben entweder ihre eigenen entwickelt oder sie haben für die Teilnahme an Kursen bezahlt, um von anderen zu lernen, und dann das Gelernte auf ihr Unternehmen übertragen.

Ein System besteht aus Prozessen, definierten Schritten und Maßnahmen, die Sie oder Ihr Kunde an jedem Punkt des Weges durchführen. Ein effektives System ist wie eine Landkarte. Es zeigt Ihnen den Weg, den Sie gehen müssen, aber es nimmt auch vorweg, was Sie hinter jeder Abzweigung finden werden, und gibt Ihnen Optionen und Ideen, wie Sie vorgehen können.

ERSTELLEN SIE IHR EIGENES

Wenn Sie neu in der Beratung sind, ist es eine gute Idee, Ihr eigenes System zu entwickeln. Das ist deshalb so wertvoll, weil es Ihnen die Möglichkeit gibt, sich durch Ihr Geschäft zu arbeiten und besser zu verstehen, was Sie Ihren Kunden wirklich bieten und wie Sie ihnen am besten helfen können.

SYSTEME KÖNNEN EINFACH SEIN

Ihr System muss nicht kompliziert oder aufwendig sein. Es muss keine 100 Seiten mit Tabellen, Diagrammen und Formeln umfassen. Es kann, aber es muss nicht sein.

Die Kernstücke der besten Systeme, die ich gesehen habe, lassen sich oft auf ein paar Seiten zusammenfassen, mit einfachen Dokumenten zur Unterstützung der einzelnen Kernbereiche.

Schauen wir uns an, wie Sie Ihr eigenes System erstellen können.

IHR SYSTEM IN GANG BRINGEN

Um mit der Erstellung Ihres Geschäftssystems zu beginnen, sollten Sie sich alle Aktivitäten, an denen Sie beteiligt sind, genau ansehen. Listen Sie jede Aktion auf, die Sie bei Ihren Projekten von Anfang bis Ende durchführen. Dann finden Sie Möglichkeiten, jeden Schritt kurz zu dokumentieren.

Sie könnten zum Beispiel die folgenden Punkte abdecken: Vom Treffen mit Kunden, über die Kommunikation mit ihnen, bis hin zur Übersendung von Angeboten und Verträgen, bis hin zur Unterstützung bei der eigentlichen Arbeit, die Sie leisten, und der anschließenden Rechnungsstellung, um Ihr Geld zu erhalten.

Jeder der oben genannten Schritte sollte Teil Ihres Systems sein. Lassen Sie uns jeden einzelnen aufschlüsseln, um zu klären, wie das funktioniert:

1) **Treffen mit Kunden** - Erstellen Sie ein kurzes Dokument, das alle wichtigen Fragen enthält, die Sie Ihren Kunden beim ersten Treffen stellen. Sie können auch einige Punkte aufnehmen, die Sie jedes Mal behandeln.

2) **Kommunikation mit Kunden** - Senden Sie E-Mails, Faxe oder Briefe per Post? Für jeden dieser Fälle sollten Sie eine geeignete Vorlage haben, die alle erforderlichen Informationen sowie Ihre Kontaktdaten und Ihr Logo enthält. Auf diese Weise aktualisieren Sie jedes Mal den aktuell erforderlichen Inhalt und versenden ihn, was Ihre Arbeit vereinfacht.

3) **Angebot und Vertrag** - Hierfür erstellen Sie eine Vorlage. Jedes Mal, wenn Sie sie verschicken, nehmen Sie nur die notwendigen Anpassungen vor. Anstatt Stunden oder Tage mit der Vorbereitung zu verbringen, können Sie die Anpassungen an der Vorlage vornehmen und sie dem potenziellen Kunden innerhalb weniger Stunden zukommen lassen, so dass er nicht abkühlt und weiter darüber nachdenkt, wie sehr er an einer Zusammenarbeit interessiert ist. Schnelligkeit und Effizienz sind wichtig.

4) **Arbeitsunterlagen** - Dies ist das Herzstück Ihres Systems. Je nachdem, welche Art von Berater Sie sind und was Sie bei Ihren Kunden erreichen wollen, werden sich Ihre Dokumente unterscheiden. Das Ziel aller Kerndokumente besteht jedoch darin, das Wissen und die Fähigkeiten in Ihrem Kopf auf ein Stück Papier (oder in eine PowerPoint- oder Word-Datei) zu bringen. Hier werden Sie wahrscheinlich einen Ablaufplan erstellen, der die Schritte und Phasen aufzeigt, durch die Sie Ihren

Kunden im Projekt führen. Sie werden ein Blatt mit effektiven Fragen haben, die Sie stellen können, um schnell die benötigten Antworten zu erhalten, so dass Sie Ihren Kunden bessere Empfehlungen geben können. Sie können auch eine Checkliste erstellen, in der alle notwendigen oder wichtigen Bereiche oder die häufigsten Probleme aufgelistet sind, und diese dann verwenden, um Ihren Kunden zu helfen.

5) **Abrechnung -** Sie müssen ja bezahlt werden, oder? Dieser Teil Ihres Systems sollte Ihre Rechnung, eine Quittung und eine Excel-Datei oder eine andere Software enthalten, mit der Sie Ihre für Projekte aufgewendete Zeit verfolgen können.

Diese Art von Dokumenten zu erstellen, zu organisieren und in Ihr System einzubinden, unterscheidet diejenigen, die erfolgreich sein wollen, es aber sehr schwer haben werden, von denen, die auf dem besten Weg dazu sind.

Ihr System spart Ihnen Zeit, sorgt für mehr Ordnung und gewährleistet, dass Sie auf Kurs bleiben und nichts übersehen. All dies bedeutet bessere Ergebnisse für Ihre Kunden, was wiederum zu zufriedeneren Kunden führt. Ganz zu schweigen davon, dass Sie mit einem System viel professioneller aussehen werden als mit einem leeren Blatt Papier.

SOFTWAREPROGRAMME, MIT DENEN SIE IHR UNTERNEHMEN RATIONALISIEREN KÖNNEN

Es gibt auch mehrere Online-Anwendungen, die Sie zur Rationalisierung Ihres Unternehmens nutzen können. Diese sind preisgünstig und zentralisieren alle Ihre Rechnungs- und damit verbundenen Informationen an einem Ort.

Freshbooks - (http://www.freshbooks.com/) Mit dieser Online-Anwendung können Sie die Zeit, die Sie für Projekte aufwenden, nachverfolgen und die Abrechnung und Rechnungsstellung für Ihre Kunden verwalten.

Quickbooks - (http://www.quickbooks.com/) Ähnlich wie bei Simply Accounting ist ein vollständiges Buchhaltungssystem, mit dem Sie Ihre Einnahmen und Ausgaben verfolgen können. Das Schöne an einem Programm wie diesem ist, dass Sie auch sofort Rechnungen für Ihre Kunden erstellen können. Und am Ende des Jahres schicken Sie Ihrem Buchhalter einfach alle Informationen oder drucken sie für ihn aus.

Xero - (http://www.xero.com) Ein etabliertes Buchhaltungsprogramm, das weltweiten Support bietet.

Wave Accounting - (http://www.waveaccounting.com) Wave Accounting ist derzeit kostenlos und bietet alle Funktionen, die Sie sich von einem Standard-Buchhaltungsprogramm wünschen würden. Es wird auch in der Cloud gehostet wie Xero und Freshbooks.

Harvest - (http://www.getharvest.com) Eine gut durchdachte Anwendung zur Zeiterfassung, die Ihnen hilft, die Zeit, die Sie für Projekte aufwenden, im Auge zu behalten und sicherzustellen, dass Sie Ihre Zeit produktiv nutzen.

Evernote - (http://www.evernote.com) Diese Website und die mobile App ermöglichen es Ihnen, alle Arten von Informationen zu speichern und zu organisieren, von Audiodateien und Sprachaufnahmen bis hin zu Fotos, Videos, Textdateien, Webausschnitten und mehr. Sie können Ordner für jedes Ihrer Projekte erstellen und relevante Informationen in jedem Ordner aufbewahren und von überall darauf zugreifen.

Basecamp - (http://www.basecamp.com) Das führende Online-Tool für Projektmanagement und Zusammenarbeit. Basecamp ermöglicht es Ihnen, alle Ihre Projekte effektiver zu verwalten. Sie können sogar Projekte mit Ihren Kunden direkt in der Anwendung teilen und diskutieren.

Infusionsoft - (http://www.infusionsoft.com) Dies ist eine All-in-One CRM-, Marketing- und E-Commerce-Plattform. Sie ist nicht billig, aber sie spart viel Zeit und macht Ihr Marketing effektiver, als wenn Sie mehrere verschiedene Lösungen zusammensetzen.

Ontraport - (http://ontraport.com) Ontraport ist ein direkter Konkurrent von Infusionsoft. Schauen Sie sich beide Produkte an, bevor Sie eine Entscheidung treffen, da einige Leute das eine dem anderen vorziehen.

Hubspot CRM - (www.hubspot.com/CRM) Hubspot CRM bietet eine minutengenaue Verfolgung aller Kundeninteraktionen mit einem übersichtlichen, visuellen Dashboard. Außerdem ist es völlig kostenlos und erfordert weder einen Vertrag noch eine Kreditkarte oder eine Schulung.

WIE MAN PÜNKTLICH BEZAHLT WIRD

Ihr Kunde hat die von Ihnen erstellte Vereinbarung/den Vertrag unterzeichnet. Das Projekt ist gut angelaufen, alles scheint in Ordnung zu sein, und Sie schicken Ihre Rechnung ein, um bezahlt zu werden.

Klingt gut, oder? Nun, Sie haben gerade eine Beratungssünde begangen.

Ja, es gibt einige Kunden, z. B. Menschen, die Sie bereits gut kennen, oder staatliche Projekte, bei denen Sie die Zahlung erst am Ende des Monats oder nach Abschluss des Projekts verlangen können. Aber in den meisten Fällen ist das nicht empfehlenswert.

Nachdem Sie so hart gearbeitet haben, sollten Sie sich nicht in die Lage bringen, dass Sie möglicherweise keine Bezahlung erhalten. In den meisten Fällen ist das in Ordnung, und Sie werden pünktlich bezahlt. Es ist jedoch nicht die einzige Option und sicherlich nicht die beste.

Wie können Sie sicherstellen, dass Sie Ihr Geld pünktlich erhalten? Ganz einfach. Lassen Sie sich bezahlen, bevor Sie anfangen zu arbeiten. Ich fordere die Zahlung am Ende des laufenden Monats oder zu Beginn des nächsten Monats für die Arbeit, die ich im nächsten Monat erledigen muss.

Wenn ich also im März zu arbeiten beginne, bitte ich Ende Februar oder in den ersten Märztagen um Bezahlung.

Habe ich meinen Kunden 30 Tage Zeit, um mich zu bezahlen? Nein, ich bitte sie, innerhalb von sieben Tagen zu zahlen. Ich bin kein großer multinationaler Konzern, der einen Monat warten kann oder will, um bezahlt zu werden. Wenn ich mir den Arsch aufgerissen habe, um meinen Kunden Ergebnisse zu liefern, gibt es keinen Grund, warum sie mich nicht umgehend bezahlen sollten.

Wenn Sie es mit einem Kunden zu tun haben, der nicht genug Geld hat, um Sie auf diese Weise zu bezahlen, seien Sie vorsichtig - der Tag, an dem er Sie nicht bezahlen kann, will oder will, steht vor der Tür.

Für einige von Ihnen mag das unvernünftig klingen. Das ist in Ordnung. Es gibt kein Richtig oder Falsch. Es kommt immer auf Ihre Beziehung zum Kunden und die Situation an, in der Sie sich befinden. Die meisten Berater verbringen jedoch sehr viel Zeit damit, sich zu fragen, wann sie bezahlt werden. Das ist bedauerlich, denn wenn man sich auf eine solche Situation einstellt, macht man sich unnötig Sorgen.

Wenn Sie mit Ihren Kunden sprechen, sollten Sie ihnen von Anfang an sagen, dass Sie so arbeiten und so bezahlt werden. Wenn Sie dies von Anfang an tun und es ohne Zögern erklären, werden Sie wahrscheinlich nicht auf Widerstand stoßen.

Berater müssen für ihre Kunden etwas leisten und alles tun, um sicherzustellen, dass ihre Kunden zufrieden sind. Die Kehrseite der Medaille ist, dass die Kunden mit einem Berater zusammenarbeiten, weil sie ihm vertrauen und ihn für einen Experten halten.

Ist diese Beziehung erst einmal hergestellt, und das ist sie in der Regel, wenn es sich bei Ihrem Kunden um ein solides Unternehmen handelt, dann sollte Ihr Kunde kein Problem haben, Sie im Voraus zu bezahlen.

Ob Sie für den gesamten Monat im Voraus bezahlt werden, 50 Prozent, 33 Prozent oder 25 Prozent, spielt keine Rolle. Wichtig ist, dass Sie für die Arbeit, die Sie leisten werden, bezahlt werden. Wenn Sie Ergebnisse liefern und das tun, was Sie vereinbart haben, sollte der Kunde kein Problem damit haben, den von Ihnen festgelegten Abrechnungszyklus einzuhalten. Eine Ausnahme könnte sein, wenn Sie mit einem großen Firmenkunden zusammenarbeiten. Deren Beschaffungs- oder Personalabteilung hat möglicherweise einen speziellen Abrechnungsplan.

Wenn Sie mit einem Kunden zusammenarbeiten, legen Sie einfach die Abrechnungsmodalitäten fest, die Sie verwenden. Zum Beispiel: Zahlung für den Monat am Anfang jedes Monats. Und die Zahlung sollte innerhalb von sieben Tagen nach Übersendung der Rechnung erfolgen.

Was sollten Sie tun, wenn Sie einen laufenden Kunden haben, der Sie erst nach Abschluss der Arbeit bezahlt? Wenn die Beziehung gut läuft und der Kunde immer pünktlich zahlt, ist es sehr wahrscheinlich, dass Sie Ihre Schecks auch nach Abschluss Ihres Projekts erhalten.

Wenn Sie jedoch einen bestehenden Kunden umstellen möchten, teilen Sie ihm einfach mit, dass Ihr Unternehmen ein neues Abrechnungssystem verwendet, um besser organisiert zu sein, und dass alle Ihre Kunden Sie jetzt im Voraus oder mit einem bestimmten Prozentsatz im Voraus bezahlen.

Auch hier gilt: Wenn Sie gute Arbeit leisten, werden Sie kaum auf Widerstand stoßen.

Ich mache das schon seit vielen Jahren und bin selten auf ein Problem gestoßen. Als Nächstes werden wir darüber sprechen, was zu tun ist, wenn Sie auf ein Problem stoßen.

WAS ZU TUN IST, WENN IHR KUNDE NICHT PÜNKTLICH ZAHLT

Wenn Ihr Kunde nicht pünktlich zahlt, sollten Sie sich zunächst einmal entspannen. Die meisten von ihnen werden Sie trotzdem bezahlen. Sie haben es entweder vergessen, sind zu beschäftigt oder fühlen sich im Moment etwas knapp bei Kasse und brauchen nur etwas länger, um Ihnen Ihr Geld zu geben.

Wenn es sich um ein kleines Projekt handelt, ist es fast unmöglich, einem Kunden endlos hinterherzujagen und ihn zu drängen, sein Geld zu bekommen. Wenn Sie mit diesem Kunden weiter zusammenarbeiten wollen, sollten Sie nicht als übermäßig lästig rüberkommen. Wenn Sie das tun, wird er Sie vielleicht trotzdem nicht bezahlen und die Beziehung ist beendet.

In den meisten Fällen ist es am besten, eine kurze E-Mail zu schreiben oder anzurufen, um sich zu vergewissern, dass Ihre Rechnung eingegangen ist, da Sie noch keine Zahlung erhalten haben. Wenn Sie keine zufriedenstellende Antwort erhalten oder Ihre Zahlung immer noch nicht innerhalb einer angemessenen Zeitspanne eingegangen ist, ist der nächste Schritt ein persönliches Treffen mit dem Kunden. In der Regel ist ein persönliches Treffen der einfachste Weg, um Probleme zu besprechen, über die man nur schwer reden kann.

Wenn es sich um ein größeres Projekt handelt und Sie Ihr Geld eintreiben müssen und alle anderen Kommunikationswege zwischen Ihnen und dem Kunden scheitern, können Sie jederzeit ein Inkassobüro einschalten. Ich musste das noch nie tun und ich bezweifle, dass ich das jemals tun werde, aber das liegt daran, dass ich mein Geschäft nicht so einrichte, dass es zu Zahlungsausfällen kommt.

Dies geht auf den vorherigen Abschnitt zurück. Wenn Sie Ihren Abrechnungszyklus richtig strukturieren und Ihren Kunden bitten, Sie im Voraus zu bezahlen oder Ihnen sogar bestimmte Teile während des Projekts zu zahlen, wenn Sie bestimmte Meilensteine erreicht haben, dann werden Sie nicht in eine solche Situation geraten.

Probleme mit Kunden wie dieses hängen fast immer mit einem Mangel an Kommunikation zusammen, sowohl auf Ihrer Seite als auch auf der Seite des

Kunden. Seien Sie sich über all dies von Anfang an im Klaren, legen Sie die Erwartungen fest und schaffen Sie eine Struktur, die den geringsten Spielraum für Probleme wie dieses lässt. Das ist der beste Weg, und es ist der richtige Weg.

DER WERT DES OUTSOURCING

Sobald Sie anfangen, ein gewisses Beratungseinkommen zu erzielen, sollten Sie sich überlegen, ob Sie nicht einige Ihrer alltäglicheren Aufgaben auslagern wollen. Vielen Beratern fällt es schwer, Aufgaben zu delegieren, und sie halten es für sinnvoller, alles selbst zu erledigen.

Ich kann Ihnen aus Erfahrung sagen, dass dies nur selten der Fall ist. Wenn Sie einem Kunden etwa 100 \$/Stunde oder sogar 60 \$/Stunde in Rechnung stellen, macht es dann nicht Sinn, jemand anderem 10 bis 20 \$/Stunde zu zahlen, der weniger wichtige Aufgaben für Sie erledigt?

Dadurch haben Sie mehr Zeit, um mit mehr Kunden zu arbeiten, mehr Zeit für die eigentliche Kundenarbeit aufzuwenden oder sogar mehr Freizeit zu nehmen.

Zu den Aufgaben, die Sie leicht auslagern können, gehören Transkriptionen von Audio- oder Videointerviews, Videobearbeitung, Website-Design, Programmierung und anderes Grafikdesign. Sie können sogar die Arbeit auslagern, die ein Assistent für Sie erledigen würde. Er kann Standarddokumente vorbereiten, Ihre Besprechungen ansetzen und Sie an Termine erinnern.

Wann sollten Sie dies tun? Fragen Sie sich, ob die Aufgabe, die Sie erledigen, den Preis wert ist, den Sie verlangen? Wenn das nicht der Fall ist, sollten Sie sie auslagern. Wenn es sich um vertrauliche Informationen wie Rechnungen oder Kunden-E-Mails handelt, sollten Sie es natürlich nicht eilig haben, diese auszulagern. Aber bei den meisten einfachen Aufgaben sollten Sie versuchen, jemand anderen damit zu beauftragen.

Ich habe zum Beispiel an einem Projekt gearbeitet und musste eine Menge Daten von mehreren Websites sammeln. Anschließend mussten die Daten in eine Tabelle eingegeben werden, damit ich sie organisieren und analysieren konnte. Nach der Analyse der Daten musste ich E-Mails an Hunderte von Unternehmen senden, um einen ersten Kontakt mit ihnen herzustellen.

Die Datenerfassung und -eingabe dauerte etwa vier Stunden. Das Versenden der Daten per E-Mail dauerte weitere drei Stunden. Das wären sieben Stunden an meinem Tag gewesen, oder ein paar Tage, die ich für diese Arbeit hätte aufwenden müssen.

Diese Art von Arbeit macht mir auf keinen Fall Spaß. Also habe ich es nicht getan, aber ich habe es trotzdem zu einem Bruchteil dessen erledigt, was es mich gekostet hätte, es extern zu erledigen.

Outsourcing kann Wunder für Ihr Unternehmen bewirken, und es ist sehr einfach, es zu versuchen. Verschiedene Dienste wie Elance.com und Odesk.com bieten Ihnen sichere und einfache Möglichkeiten, Personen zu finden, an die Sie Arbeit auslagern können, deren Arbeitszeiten zu verfolgen und Zahlungen zu leisten. Sie können sehen, wie viel Erfahrung die einzelnen Personen haben, wie sie von anderen Kunden bewertet werden und was sie verlangen.

Sie können jederzeit spezifische Tarife und die für Sie günstigsten Bedingungen aushandeln. Bis zu dem Tag, an dem Sie einen weiteren Mitarbeiter einstellen wollen (falls Sie das jemals tun), ist das Outsourcing eine großartige Möglichkeit, Ihr Unternehmen aufzubauen.

Jedes Mal, wenn ich ein größeres Projekt billig ausgelagert habe, war es ein Flop. Die Kommunikation ist immer das Problem, und ich finde, je mehr Details das Projekt hat, desto wichtiger ist es, mit Qualitätsfachleuten zu arbeiten, die sehr klar kommunizieren können.

Ich habe mit Menschen aus Polen, Russland, den Philippinen, Indien, Pakistan und anderen Ländern gearbeitet. Es ist nicht ein bestimmtes Land, das das Problem ist. Es sind die Details und die Komplexität des Projekts, die ein hohes Maß an Kommunikation erfordern. Und deshalb führt das Outsourcing an Leute, die nicht auf hohem Niveau kommunizieren können, oft zu einer Katastrophe.

Bleiben Sie dabei, einfache Aufgaben auszulagern, und Sie werden sehen, wie gut es Ihnen tut, mehr Arbeit zu erledigen, mehr Zeit zu haben und sich auf die Arbeit zu konzentrieren, die wirklich zählt.

CHECKLISTE: ABRECHNUNG UND SYSTEME

☐ Ich habe alle Bereiche meines Unternehmens skizziert, für die ich ein System entwickeln kann.

Ich ☐habe Materialien erstellt, die mindestens die fünf Hauptbestandteile meines Beratungssystems abdecken, wie sie in diesem Kapitel aufgeführt sind.

Ich mache es meinen Kunden leicht, zu verstehen, dass ich pünktlich bezahlt werden muss.

Ich ☐kann die folgenden Bereiche meines Unternehmens auslagern:

_____, _____, _____ und _____.

LEKTION 11: PRODUKTIVITÄT UND WACHSTUM

ERFOLG ERFORDERT PRODUKTIVITÄT

Produktivität ist ein Wesenszug erfolgreicher Berater. Jeder Berufstätige möchte produktiver sein. Je produktiver Sie sind, desto mehr schaffen Sie, desto mehr Geld verdienen Sie, und desto mehr Freizeit können Sie genießen. Sie können die beste Marketing- und Kundengewinnungsstrategie der Branche aufstellen, aber sie nützt nichts, wenn Sie nicht produktiv sind.

Es gibt viele Möglichkeiten, Ihre Produktivität zu maximieren. Dazu gehören die Erstellung eines strategischen Plans, die Festlegung von Zielen, das Management Ihrer Zeit und die Vermeidung von Zeitfressern.

ERSTELLUNG EINES STRATEGISCHEN PLANS FÜR BERATER

Ich habe oft gedacht, dass es viele Menschen gibt, die nicht wissen, was das Wort "Strategie" wirklich bedeutet.

Von all den Beratern, Freiberuflern und Geschäftsinhabern, mit denen ich im Laufe der Jahre gesprochen habe, haben nur wenige die Bedeutung des Wortes wirklich verstanden, und noch weniger setzten es richtig in die Praxis um.

Für viele ist eine Strategie gleichbedeutend mit einem übermäßig komplizierten Plan zum Wachstum ihres Unternehmens, einer Liste oder mehreren Schritten, die sie unternehmen müssen, um ihr Ziel zu erreichen.

Ehrlich gesagt, ist dieser Ansatz als Idee völlig sinnvoll. Das Problem besteht jedoch darin, dass bei den meisten Plänen nicht überprüft wird, ob sie tatsächlich strategisch sind oder nicht.

Das Unternehmen Strategos sagt, dass eine echte Strategie erstens für Ihre bestehenden und potenziellen Kunden von Bedeutung sein muss und zweitens, dass sie sich von der Konkurrenz unterscheidet".

Lassen Sie uns nun diese beiden Punkte etwas näher beleuchten:

1. IHRE BESTEHENDEN UND POTENZIELLEN KUNDEN ANSPRECHEN.

a) Wenn Ihre Strategie und Ihre Pläne nicht den Wert bieten, den Ihre Kunden suchen, ist es wirklich sinnlos. Wenn jemand Stäbchen für sein Geschäft braucht und Sie versuchen, ihm eine bessere Gabel zu verkaufen, verschwenden Sie Ihre Zeit.

b) Vergewissern Sie sich, dass Ihr Schwerpunkt und Ihr Angebot den Wünschen Ihres Marktes entsprechen und dass es für ihn wirklich von Bedeutung ist.

c) Wenn dies nicht der Fall ist, müssen Sie sich auf einen anderen Markt konzentrieren, auf dem Sie Ihr Angebot verkaufen können, oder Sie müssen Ihr aktuelles Angebot überarbeiten, damit es besser passt.

d) Wie können Sie das herausfinden? Der beste Weg, um herauszufinden, was für Ihre Kunden wichtig ist, ist, sie zu fragen. Fragen Sie so viele Kunden oder potenzielle Kunden, wie Sie können, und versuchen Sie dann, den Verkauf abzuschließen. Im Geschäftsleben ist Reden billig, Geld spricht, und Sie wollen sehen, dass die Leute Ihnen ihr hart verdientes Geld für das geben, was Sie verkaufen - das ist die ultimative Bestätigung.

2. HEBT SIE VON DER KONKURRENZ AB.

Das klingt einfach, kann aber ziemlich schwierig sein.

a) Sie denken vielleicht, dass das, was Sie tun, einzigartig ist. Aber wenn es das nicht ist, werden Sie es schwer haben, den Markt davon zu überzeugen, bei Ihnen zu kaufen.

b) Online-Suchen und Recherchen von zu Hause oder vom Büro aus sind zwar eine gute Möglichkeit, einen ersten Eindruck davon zu gewinnen, ob Ihr Angebot einzigartig ist, aber das ist nur ein Anfang.

c) Der beste Weg, um herauszufinden, ob Sie wirklich einen einzigartigen Vorteil gegenüber Ihren Mitbewerbern haben, ist, sich auf den Markt zu begeben und mit den Leuten zu sprechen, die den Markt besser kennen als Sie.

d) Ein potenzieller Kunde wird Ihnen schnell sagen, ob das, was Sie ihm zeigen oder sagen, genauso klingt wie bei einem anderen Unternehmen.

e) Und Sie werden wissen, dass Sie eine echte Differenzierungsstrategie haben, weil die Leute, mit denen Sie sprechen, Dinge sagen werden wie: "Wow, das ist wirklich großartig" und "Ich habe mir gewünscht, dass das jemand macht".

Bevor Sie also irgendetwas anderes tun, sollten Sie Ihre derzeitige Strategie und Ihre Geschäftspläne genau unter die Lupe nehmen.

STRATEGIE "EIN ZIEL PRO TAG

Es gibt unzählige Bücher, in denen Sie alle möglichen Techniken und Ansätze lernen können, um produktiver zu sein und Ihre Zeit besser zu verwalten. Für einen Berater, insbesondere für einen, der unabhängig arbeitet, ist es der Schlüssel zum Erfolg, am Ball zu bleiben und die Dinge zu erledigen.

Obwohl es so viel Literatur über Produktivität gibt, treffe ich immer wieder auf Unternehmer und Berater, die scheinbar nicht produktiv bleiben können. Sie mögen zwar Aktivitätsschübe haben, aber wie ein Kind, das mit

Süßigkeiten und Limonade vollgepumpt ist, flacht ihre Aktivität ziemlich schnell ab.

Gibt es Hoffnung für diese Menschen? Ich glaube ja.

Ein häufiges Problem ist, dass man umso weniger erreicht, je produktiver man zu sein versucht. Menschen, denen es schwerfällt, produktiv zu sein, versuchen meist, zu viel zu tun.

Das passiert folgendermaßen. Vielleicht sind Sie von Natur aus unorganisiert. Es fällt Ihnen schwer, sich ein System zurechtzulegen und es regelmäßig durchzuarbeiten, aber um Sie herum ist überall Druck (der meistens von Ihrem eigenen Kopf ausgeht).

Die Erwartungen sind hoch, und nun haben Sie das Gefühl, mehr tun zu müssen und beschäftigt zu sein.

Also packen Sie mehr Dinge auf Ihren Teller, aber es sind Kleinigkeiten, die Ihr Unternehmen nicht wirklich voranbringen. Sie gaukeln Ihrem Verstand vor, dass Sie etwas zustande bringen. Und dann schaltet sich Ihr Verstand ab. Er ist überlastet mit all diesen Aufgaben, die Sie für sich selbst geplant haben.

Der beste Ansatz, den ich kenne, ist die so genannte "One Goal a Day Strategy". Sie ist das, wonach sie klingt.

Setzen Sie sich jeden Tag ein Ziel. Bevor Sie jetzt aufgeregt denken, dass Sie nur eine Sache tun müssen und dann für den Rest des Tages die Füße hochlegen können, lassen Sie mich eines klarstellen.

Dieses Ziel muss wichtig sein, etwas, das Ihr Unternehmen tatsächlich voranbringt. Das kann das Verfassen eines Artikels und dessen Einreichung bei einer Publikation sein, die Veröffentlichung einer Pressemitteilung, das Verfassen und Versenden einer Werbebotschaft für Ihre Dienstleistungen und so weiter.

TIMING IST SCHLÜSSEL

Die beste Tageszeit, um diese Arbeit zu erledigen, ist früh am Morgen, bevor Ihr Gehirn auf Hochtouren läuft und durch alles andere in Ihrem Leben gestresst wird. Bevor das Telefon zu klingeln beginnt. Erreichen Sie Ihr Ziel so schnell wie möglich und früh am Tag.

Es ist ein gutes Gefühl, jeden Tag etwas Wichtiges zu erledigen, und dann haben Sie den Rest des Tages Zeit, um an anderen Aspekten Ihres Unternehmens zu arbeiten. Und wenn dann doch einmal etwas dazwischenkommt, haben Sie das Wichtigste, was Sie an diesem Tag für Ihr Unternehmen tun mussten, bereits erledigt.

Sie müssen nicht 100 Dinge pro Tag tun, um produktiv zu sein. Beginnen Sie damit, sich auf eine Sache zu konzentrieren. Erledigen Sie es. Keine Ausreden. Kein Aufschieben. Erledigen Sie es früh; schaffen Sie es aus dem Weg. Sie werden sich großartig fühlen. Ihr Selbstvertrauen wird wachsen. Sie werden mehr schaffen und im Laufe der Zeit immer produktiver werden - ganz zu schweigen von den positiven Auswirkungen auf Ihr Unternehmen.

ANDERE BEWÄHRTE TAKTIKEN ZUR STEIGERUNG IHRER PRODUKTIVITÄT

Eine Suche auf Amazon.com nach Büchern über Produktivität ergibt 45.960 Titel. Wenn Sie Probleme haben, bei der Arbeit produktiv zu sein, finden Sie es vielleicht schwierig, sich die Zeit zu nehmen, ein Buch über Produktivität von vorne bis hinten zu lesen.

Aus diesem Grund möchte ich Ihnen fünf bewährte Taktiken vorstellen, die Sie schon heute anwenden können, um Ihre Produktivität zu steigern und mehr zu erreichen.

1) **Wachen Sie früh auf.** Der Morgen bietet eine Ruhe, die man zu keiner anderen Tageszeit finden kann. Die Telefone klingeln nicht, die E-Mails fangen gerade erst an zu trudeln. Dies ist Ihre Zeit, um voranzukommen. Nutzen Sie diese Zeit, um Sport zu treiben, zu lesen oder zu lernen, und um Ihre wichtigste Aufgabe des Tages in Angriff zu nehmen.

2) **Beginnen Sie mit wichtigen Aufgaben.** Unsere wichtigsten und wirkungsvollsten Projekte sind oft die schwierigsten und erfordern die meiste Zeit und Aufmerksamkeit. Deshalb werden sie oft im Laufe des Tages auf unserer Aufgabenliste immer weiter nach hinten geschoben. Gehen Sie einen neuen Weg und beginnen Sie Ihren Tag, indem Sie sich zuerst auf Ihre wichtigsten Aufgaben konzentrieren. Es wird Ihnen

vielleicht schwer fallen, sich in Bewegung zu setzen, aber wenn Sie es erst einmal geschafft haben, werden Sie an Aufgaben arbeiten, die eine Bedeutung haben und einen echten Einfluss auf Ihr Unternehmen und Ihre Karriere haben. Und wenn Sie erst einmal mit dem Wichtigsten fertig sind, fühlen Sie sich befreit und können sich den weniger wichtigen Aufgaben zuwenden, die so oft den Tag verstopfen.

3) **Keine Unterbrechungen.** Robin Sharma verweist auf Forschungsdaten, wonach Arbeitnehmer alle 11 Minuten unterbrochen werden. Jede Ablenkung verringert Ihre Produktivität und lenkt Ihre Konzentration und Energie von der anstehenden Aufgabe ab. Schätzen Sie Ihre Arbeit und Ihre Zeit, indem Sie NEIN zu Unterbrechungen sagen. Schließen Sie Ihre Tür, stellen Sie ein "Bitte nicht stören"-Schild auf, wenn Sie eines brauchen, und blockieren Sie Ihren Kalender mit Arbeitszeiten, damit Ihre Assistenten oder Mitarbeiter wissen, dass sie Sie nicht stören sollen. Es gibt so viele Unterbrechungen, die uns täglich umgeben. Finden Sie heraus, welche das in Ihrem Leben sind, und fangen Sie an, sie zu beseitigen.

4) **Meetings vermeiden.** Tägliche und wöchentliche Besprechungen können entscheidend sein, um den Fluss und den Rhythmus in einem Unternehmen aufrechtzuerhalten, aber Besprechungen, bei denen mehrere Personen zwanzig Minuten bis zu einer Stunde oder mehr verbringen müssen, sollten wie die Pest vermieden werden. Nicht nur, dass diese Besprechungen oft nur wenige umsetzbare Ideen hervorbringen, die Themen, die sie behandeln, können in der Regel auch in einem fünfminütigen Telefongespräch besprochen werden. Seth Godin geht sogar so weit zu sagen, dass er nicht an Meetings teilnimmt (zumindest nicht im herkömmlichen Sinne), sondern Gespräche bevorzugt, bei denen eine Entscheidung getroffen werden kann. Andernfalls werden Meetings einfach zu Ereignissen. Überlegen Sie einmal, wie viel Geld in eine Sitzung investiert wird, wenn vier oder fünf Mitarbeiter dreißig Minuten oder eine Stunde lang an einem Tisch sitzen.

5) **Schalten Sie das Internet ab.** In einer CNN-Umfrage gaben viele Befragte an, dass sie das Internet jederzeit dem Sex vorziehen würden. Ich schweife ab. Das Internet steigert zwar die Produktivität und ermöglicht den Zugang zu Informationen in unvorstellbarer Weise, aber es senkt auch die Produktivität vieler Arbeitnehmer. Wie oft erhalten Sie eine

Benachrichtigung über eine neue E-Mail? Haben Sie recherchiert und sind auf ein YouTube-Video gestoßen, das Sie sich unbedingt ansehen wollten? Mussten Sie Ihren Facebook- oder Twitter-Status aktualisieren, weil Sie gerade das süßeste Katzenbild aller Zeiten gefunden haben? Sie wissen, worum es geht. Wenn Sie Ihre Arbeit offline erledigen, können Sie sich auf eine Weise konzentrieren, die Sie online mit all den möglichen Ablenkungen nicht erreichen können. Beginnen Sie noch heute damit, eine dieser Taktiken umzusetzen. Sie werden erste positive Ergebnisse sehen und schnell dazu übergehen, mehr davon umzusetzen.

TOP-SÜNDEN DER ZEITVERSCHWENDUNG

Nachdem ich nun die Gefahren des Internets erörtert habe, möchte ich Ihnen einige andere häufige Zeitverschwender vorstellen, die Sie vermeiden sollten.

Denken Sie daran, dass Sie versuchen, produktiv zu sein, um mehr zu erreichen und die dadurch entstehende Freizeit zu genießen. Das ist für die meisten einleuchtend, hält die Menschen aber nicht davon ab, jeden Tag Zeit zu verschwenden.

Hier sind zwölf der größten Zeitfresser. Wie viele sind es bei Ihnen?

1) Überprüfen Sie Ihren Twitter-Stream mehr als zweimal am Tag.

2) Aktivieren Sie die Desktop-E-Mail-Benachrichtigungen.

3) Nutzen Sie Facebook länger als fünfzehn Minuten pro Tag.

4) Sie haben Fenster auf Ihrem Computer oder Browser geöffnet, die Sie nicht benutzen.

5) Lassen Sie Ihr Telefon vibrieren oder ein Geräusch machen, wenn Sie eine E-Mail erhalten.

6) Seien Sie bei Skype oder einem anderen Chat-Programm angemeldet und setzen Sie Ihren Status auf "online".

7) Sie sind bei mehr Blogs und Newslettern angemeldet, als Sie tatsächlich lesen.

8) Lassen Sie Ihr Handy eingeschaltet, wenn Sie schreiben oder eine Arbeit verrichten, die Konzentration und Ruhe erfordert.

9) Mehr als zwei Stunden pro Tag fernsehen.

10) Abarbeitung einer willkürlichen Liste von Aufgaben vor der Arbeit an vorrangigen Punkten.

11) Persönliche Treffen, obwohl eine telefonische Besprechung das gleiche Ergebnis bringen würde.

12) Entgegennahme von Anrufen oder Beantwortung von E-Mails von Kunden, Freunden und Familie, wenn es nicht dringend ist.

Aktionsschritt: Wählen Sie jede Woche zwei der zwölf oben genannten aus. Setzen Sie sich bewusst das Ziel, die beiden ausgewählten Zeitfresser zu beseitigen. In weniger als einem Monat werden Sie feststellen, dass sich Ihre Produktivität erhöht. In weniger als zwei Monaten werden Sie erstaunt sein, wie viel Zeit Sie früher jeden Tag verschwendet haben und wie viel konzentrierter und produktiver Sie geworden sind.

DAS SYNDROM DES BERATERBAUS VERMEIDEN

Es gibt noch eine weitere Zeitverschwendung, die ich ansprechen möchte. Eine der größten Herausforderungen, mit denen Berater konfrontiert sind, ist das, was ich das "Consultant's Build Syndrome" nenne. Die meisten Berater leiden unter diesem Syndrom. Sie sind ständig damit beschäftigt, Dinge für ihr Unternehmen zu bauen, die ihnen wenig bis gar keine Ergebnisse bringen.

Sie bleiben zu Hause und entwerfen eine neue Visitenkarte, eine Broschüre, eine Website oder einen ausgefallenen Marketingplan für einen Berater.

Es kann Tage, Wochen oder Monate dauern, bis sie diese Materialien fertig haben.

Das Problem ist, dass sie nichts mit ihnen anfangen können.

Leute, das ist ein großes Problem! Das Build-Syndrom ist gefährlich.

Im Folgenden erfahren Sie, wie es dazu kommt und warum es so unangenehm ist:

1) Sie verbringen viel Zeit mit der Erstellung von Materialien, die Sie nur selten einsetzen werden.

2) Wenn Sie sie einführen, werden Sie nur halbherzig vorgehen.

3) Sie werden bei der Umsetzung nur halbherzig vorgehen, denn die Umsetzung ist zehnmal schwieriger als der Aufbau.

4) Sie gaukeln sich selbst vor, dass Sie mit wichtiger Arbeit beschäftigt sind, während Sie in Wirklichkeit mit Arbeiten beschäftigt sind, die nicht zum Wachstum Ihres Unternehmens beitragen (weil Sie sie nicht umsetzen werden).

5) Sie wiederholen den Zyklus von neuem.

Wie können Sie diesen Fehler vermeiden?

- **Bewerten Sie, was wirklich wichtig ist** - Hier kommt das Pareto-Prinzip ins Spiel. Der weise Italiener Pareto, der auch als 80/20-Regel bekannt ist, schlug vor, dass 80 Prozent unserer Ergebnisse von 20 Prozent unserer Handlungen herrühren. In diesem Sinne sollten Sie sich genau überlegen, welche 20 Prozent Ihrer Handlungen den Großteil Ihrer Ergebnisse ausmachen. Streichen Sie die überflüssigen 80 Prozent der Arbeit, die Ihnen nur wenig oder gar nichts einbringt, und konzentrieren Sie sich auf das, was am wichtigsten ist.

- **Verlassen Sie das Gebäude** - verpflichten Sie sich, aktiv zu werden. Wenn Sie einen Bericht schreiben und ihn an 100 lokale Unternehmen schicken wollen, dann tun Sie es! Der Erfolg stellt sich nicht ein, wenn man es nicht durchzieht.

  - **Machen Sie sich nichts vor**: Verwerfen Sie die Vorstellung, dass viel zu tun bedeutet, dass Sie auf dem richtigen Weg sind. Bevor Sie ein internes Projekt in Angriff nehmen, sollten Sie gründlich darüber nachdenken, ob es Ihnen wirklich beim Aufbau Ihres Unternehmens helfen wird. Wenn es Ihnen nicht direkt hilft, Ihren Zielen näher zu kommen, sollten Sie es auf Eis legen und Platz für sinnvollere Arbeit schaffen.

  - **Verlassen Sie Ihre Komfortzone** - Der häufigste Grund für das Build-Syndrom ist Bequemlichkeit. Es ist einfach, zu Hause oder im Büro zu bleiben und an etwas zu arbeiten. Wir müssen uns nicht mit Kunden und der Außenwelt auseinandersetzen. Es gibt keine Ablehnung. Es ist einfach. Doch das ist nicht die Realität. Je mehr Sie aus Ihrer Komfortzone herauskommen, desto mehr Erfolg werden Sie haben.

SICH UM SIE KÜMMERN

Denken Sie, dass es bei der Produktivität nur darum geht, wie viel Sie arbeiten und wie Sie es tun? Denken Sie anders. Einer der Schlüssel zum Erfolg in der Beratung, den ich im Laufe der Jahre erzielt habe, liegt zum Teil in meiner Einstellung und Lebensauffassung.

Ich war schon immer ein optimistischer Mensch. Wenn ich vor einer Herausforderung stehe, schrecke ich selten davor zurück. Eine Sache, die mir geholfen hat, konzentriert und motiviert zu bleiben, ist meine Gesundheit.

Ich bin kein Spitzensportler mehr (das war ich in meinen frühen Jahren), aber ich führe einen sehr gesunden Lebensstil. Ich ernähre mich gesund und treibe viel Sport. Fünf bis sechs Mal pro Woche gehe ich ins Fitnessstudio. Meine Trainingseinheiten können zwar kurz sein, zwanzig bis vierzig Minuten, aber sie wirken Wunder für meinen Körper, meinen Geist und mein Geschäft.

Sportliche Betätigung hat viele Vorteile:

- Einige meiner besten Ideen habe ich im Fitnessstudio.
- Sport sorgt für einen Energieschub.
- Wenn ich trainiere, möchte ich gesünder essen.
- Die Bewegung lindert die Verspannungen in meinem Nacken und Rücken, die durch die Arbeit am Schreibtisch entstehen.
- Ich halte mich in Form, fühle mich gut mit mir und meinem Körper.

Meine typische Routine könnte folgendermaßen aussehen:

1) Ein paar Dehnungen.
2) Laufen auf dem Laufband. 3) Längere Dehnübungen.
4) Sit-ups in drei Positionen.
5) Schulterdrücken mit Gewichten.
6) Liegestütze.
7) Bankdrücken.
8) Bizeps-Curls.
9) Ein paar weitere Kernübungen.

10) Gehen Sie in den Whirlpool.
11) Zwanzig Runden im Schwimmbad.
12) Duschen und fertig.

Wenn ich ein Training wie dieses beende, fühle ich mich großartig. Mein Geist ist klar. Mein Selbstvertrauen ist groß.

Wenn Sie nicht von Natur aus gerne ins Fitnessstudio gehen, können Sie es sich leichter machen, indem Sie während des Trainings Musik hören, sich ein Geschäftsgespräch anhören oder spazieren gehen.

Egal, wie viel Sie zu tun haben, Sie sollten sich wirklich Zeit für Sport nehmen. Ihr Körper, Ihr Geist und Ihr Unternehmen werden es Ihnen danken.

Es ist auch sehr wichtig, auf sich selbst zu hören und sich eine Pause zu gönnen. Buchstäblich.

Werden Sie am Computer schläfrig? Setzt eine Schreibblockade ein? Fühlt sich Ihr Gehirn trübe an? Haben Sie das Gefühl, dass Ihre Motivation zu bestimmten Zeiten des Tages nachlässt?

All dies sind häufige Symptome von Müdigkeit und Schlafmangel. Die Symptome sind nicht so wichtig wie der Grund, warum sie auftreten, und, was noch wichtiger ist, wie man sie beheben kann.

Wenn sich Schläfrigkeit einschleicht und mangelnde Konzentration Ihr Gehirn daran hindert, voranzukommen, kann dies verheerende Auswirkungen auf Ihren Tag und Ihre Arbeit haben. Die Ursache kann alles Mögliche sein, von Schlafmangel über zu langes Starren auf einen Bildschirm bis hin zum Verzehr falscher Lebensmittel (die den Blutzuckerspiegel in die Höhe treiben und zum Absturz führen).

Zum Glück gibt es eine einfache Lösung für all das - kurze Pausen. Ich habe festgestellt, dass fünfminütige Pausen über den Tag verteilt sehr effektiv sind, um meinen Geist neu zu fokussieren und neue Ideen zu entwickeln, ganz zu schweigen davon, dass sie mir helfen, mehr zu schaffen.

Sie können sich die fünf Minuten nehmen, wann immer Sie sie brauchen. Ich mache das normalerweise alle ein bis zwei Stunden. Hier sind ein paar Möglichkeiten, wie ich diese fünf Minuten verbringe:

- **Liegestütze und Sit-ups machen.** Ich gehe zwar täglich ins Fitnessstudio, aber diese Pause bringt nicht nur das Blut in meinem Körper in Bewegung (das ist gut für die Energie), sondern hält mich auch fit und motiviert, wieder an die Arbeit zu gehen.

- **Einen Spaziergang machen.** Ja, ich weiß, fünf Minuten sind nicht viel Zeit für einen Spaziergang, aber ich gehe raus, um die Post abzugeben und mir die Beine zu vertreten.

- **Etwas frische Luft schnappen.** Das ist ähnlich wie oben, aber die frische Luft hat es in sich. Ob ich nun auf die Terrasse gehe oder ein paar Straßen weiter laufe, frische Luft wirkt Wunder.

- **Eine Zeitschrift lesen. Ich nehme** eine der Zeitschriften in die Hand, die ich abonniert habe, wie *Inc* oder *National Geographic*, und lese einen Artikel. Das lenkt mich von dem ab, woran ich gerade arbeite, und hilft auch, neue Ideen zu entwickeln.

- **Ich mache mir einen Espresso.** Das ist wahrscheinlich mehr Koffein als alles andere, aber während ich darauf warte, dass das Wasser dampft, kann ich meinen Geist entspannen.

DIE MACHT DER VISION

Jemand, der mir sehr nahe steht, ist ein echter Visionär. Er kann wirklich in die Zukunft sehen. Nicht in der Art eines Wahrsagers, sondern sie sehen Trends und Ideen Jahre bevor sie auf den Markt kommen.

Eine Idee, die sie mir vor ein paar Jahren für die Gesundheitsbranche mitteilten, beginnt gerade jetzt, ein heißes Thema zu werden. Wenn jemand jetzt in dieses Geschäftsfeld einsteigen würde, hätte er noch viele Möglichkeiten, aber stellen Sie sich die Person vor, die das vor einem halben Jahrzehnt kommen sah. Diese Person ist kein einmaliges Wunder. Die Vorhersagen haben sich nun schon mehrmals bewahrheitet.

Es gibt jedoch ein großes Problem mit all dem. All diese Ideen sind nur Ideen geblieben.

DIE FEHLENDE ZUTAT

Ohne zu handeln, diese Ideen zu untersuchen, zu entwickeln und umzusetzen, ist nichts daraus geworden. Und das kann ich auch von mir behaupten. Als ich vor fünf Jahren von der Idee eines Gesundheitsunternehmens hörte, dachte ich: "Du hast recht, das macht Sinn", aber dabei blieb es dann auch.

Ich bin sicher, dass es auf der ganzen Welt unzählige solcher Fälle gibt. Wenn Sie eine Idee haben oder an etwas glauben, ist es JETZT an der Zeit, sie umzusetzen.

Sicher, alle Aktionen sind mit Risiken verbunden, und wenn man an der Spitze der Kurve steht, ist das Risiko immer größer.

ES FUNKTIONIEREN LASSEN

Allerdings zwingt Sie niemand, Ihr Leben drastisch zu ändern. Sie können Ihren Job oder Ihr Beratungsunternehmen weiterführen, während Sie Ihre neue Idee verfolgen. Solange Sie keine Angst davor haben, bis spät in die Nacht zu schleichen, um mehr Arbeit zu erledigen, oder Ihren Wecker jeden Tag ein paar Stunden früher zu stellen, können Sie genügend Zeit finden, um an der Verwirklichung Ihrer Idee zu arbeiten.

Das Einzige, was Sie dabei verlieren können, ist etwas Zeit und Geld. Und

Wenn Sie es richtig anpacken, wird es meist nur eine Frage der Zeit sein, bis Sie das Potenzial Ihrer Idee beweisen.

WAS SIE ZU VERLIEREN HABEN

Viel größer ist das, was Sie zu verlieren haben, wenn Sie Ihre Idee nicht ausprobieren. Einige Jahre später werden Sie dieses nagende Gefühl des Bedauerns haben, das einfach nicht verschwinden will, und Sie werden ständig daran denken, dass Sie es hätten versuchen sollen und was hätte passieren können, wenn Sie es getan hätten.

VISIONEN IN DIE REALITÄT UMSETZEN

Vor einigen Jahren saß ich in der Business-Class-Lounge von Japan Airlines auf dem Flughafen Tokio/Narita und wartete auf meinen Rückflug.

Ich schaute auf das Rollfeld, sah die Flugzeuge kommen und gehen, aß ein paar Reiscracker und trank ein eiskaltes Asahi-Bier. Das war ein guter Zeitpunkt, um über das vergangene Jahr nachzudenken und darüber, was ich in den nächsten zwölf Monaten erreichen wollte.

Ich griff in meine Tasche und holte ein neues Planungsblatt heraus, das mir ein Freund ein paar Tage zuvor geschickt hatte.

FOKUSSIERUNG

Jedes Jahr nehme ich mir, wie viele andere auch, Vorsätze für das kommende Jahr vor und überlege, was ich erreichen möchte. In diesem Jahr habe ich jedoch zwei Dinge getan, die ich vorher nicht getan hatte, und die Ergebnisse haben mich überrascht: Ich habe das neue Planungsblatt benutzt und darauf geachtet, dass ich jeden Tag nachsehe, was ich geschrieben habe.

Da saß ich nun in der Lounge und füllte den Bogen aus. Ich schrieb über meine größten Erfolge im vergangenen Jahr, sowohl geschäftlich als auch privat, meine größten Enttäuschungen und was ich in Zukunft erreichen wollte.

DER GEHEIME SCHRITT

Als ich nach Hause kam, habe ich dieses Blatt neben das Whiteboard in meinem Büro gelegt. Das klingt vielleicht nicht nach einer großen Sache, aber es ist wichtig, dass es gut sichtbar ist.

Ich sehe sie mir jeden Tag an. Ich überprüfe sie. Es gibt mir viel zu denken. Sie hält mich in Schach. Jedes Mal, wenn ich sie sehe, frage ich mich: "Tue ich das, was ich tun muss, um meine Ziele zu erreichen?"

Vier Monate nach dem Ausfüllen des Planungsbogens habe ich bereits zwei der sechs großen Ziele, die ich mir für das Jahr gesetzt hatte, erreicht. Und ein drittes habe ich fast geschafft. Das sind große Errungenschaften. Ich weiß nicht, ob ich jemals so konzentriert an die Sache herangegangen bin und so viel in so kurzer Zeit geschafft habe.

ES IST NIE ZU SPÄT

Wenn Sie sich noch nicht die Zeit genommen haben, Ihre Ziele aufzuschreiben, sollten Sie dies jetzt tun. Sie brauchen nicht bis zum nächsten Jahr zu warten. Es ist nie zu spät.

Wenn Sie sie aufgeschrieben haben, sie aber in einer Schublade oder in einem Bücherregal versteckt sind, holen Sie sie heraus und legen Sie sie so hin, dass Sie sie jeden Tag sehen können.

Diese Visionen sind so mächtig. Es ist bedauerlich, dass die Menschen die Idee des Visionierens auslachen wollen. Oder sie sagen: "Ich habe einen Plan. Das ist alles nur in meinem Kopf." Das reicht nicht aus. Sie müssen das alles aufschreiben und irgendwo aufhängen, wo Sie es jeden Tag sehen können.

Probieren Sie es aus. Ich denke, Sie werden angenehm überrascht sein.

ZEITFENSTER

Jeden Tag, ob es Ihnen nun gut geht oder nicht, gibt es Gelegenheiten, die sich Ihnen bieten. Sie müssen sie erkennen und dann handeln!

Ich befand mich im zehnten Stock eines Gebäudes in Osaka, Japan. Ich hatte gerade eine Besprechung beendet. Sie verlief gut, und ich war gut gelaunt. Ich stieg in den Aufzug und drückte "G" für das Erdgeschoss. Der Aufzug hielt in der sechsten Etage an. Ein Mann in den späten Sechzigern stieg ein.

DIE BEENDIGUNG DES SCHWEIGENS

Wie immer blieb der Aufzug still, aber ich war gut gelaunt. Ich begrüßte den Mann und äußerte mich zum Wetter. Es war ein sonniger, aber kalter Wintertag. Er sah mich teilweise schockiert an. Ich glaube, er hatte nicht damit gerechnet, dass ich Japanisch sprechen konnte. Wir kamen schnell ins Gespräch und setzten es vor dem Aufzug fort, als wir die Lobby erreichten.

DIE CHANCE

Er fragte mich, was ich mache. Ich erzählte ihm von meinem Marketing- und Markenberatungsunternehmen - damals hatte ich die japanische Niederlassung des Unternehmens mitbegründet und aufgebaut. Ich fragte ihn, was er mache; es stellte sich heraus, dass er der Präsident eines großen Import-/Exportunternehmens war. Wir tauschten Visitenkarten aus und arbeiteten schließlich gemeinsam an einigen Projekten.

Das war das Geschäft, das ich bekam, weil ich den ersten Schritt tat. Ich sah eine kleine Chance, ein Gespräch zu beginnen, und nutzte sie. Hätte ich im Aufzug geschwiegen, wie es so üblich ist, hätte ich diesen Kunden nicht bekommen.

Wenn Sie Ihre Chance nicht ergreifen, werden Sie es immer bereuen. Robin Sharma erzählt in seinem Buch *"The Greatness Guide"* von der Zeit, als er den großen Filmstar Harvey Keitel sah und zu ihm hinaufgehen wollte, um ihn zu treffen, was er aber nicht tat. Er verpasste die Chance und bedauerte es.

Eine kleine Öffnung, um einen neuen potenziellen Kunden zu treffen. Ein Spalt, durch den Sie gehen können, um für Ihr Unternehmen zu werben.

Eine Gelegenheit für Sie, etwas zu tun, was Sie wollen, und wenn Sie es nicht tun, bereuen Sie es später.

AKTION

Der erste Schritt, um das Beste aus diesen Gelegenheiten zu machen, besteht darin, offen für sie zu sein. Sie sind jeden Tag um Sie herum. Wenn Sie sie einmal gesehen haben, zögern Sie nicht. Machen Sie das Beste aus ihnen. Das Schlimmste, was passieren kann, ist, dass sie sich nicht so entwickeln, wie Sie gehofft haben. Eine Tür könnte sich vor Ihnen schließen. Aber was soll's? Es ist weitaus besser, etwas zu tun, was man will, und dabei auf die eine oder andere Hürde zu stoßen, als nicht zu tun, was man will, und es zu bereuen.

VOR SCHWIERIGEN ZEITEN

Wenn Sie sich für neue Möglichkeiten öffnen, können Sie sehr erfolgreich sein, aber es ist wichtig zu wissen, dass alle Berater mit schwierigen Zeiten konfrontiert werden. Egal, ob es sich dabei um Kundenprobleme, Änderungen in letzter Minute, Notfälle oder etwas anderes handelt, Sie können sie meistern. Es gibt eine Reihe von Tipps, die Ihnen dabei helfen können, diese Zeiten professionell zu meistern.

Es war 7 Uhr morgens an einem frischen Wintermorgen. Ich war dabei, im Büro einige E-Mails durchzugehen. Das Telefon klingelte ungewöhnlich früh.

Sobald ich den Hörer abnahm und die Stimme am anderen Ende hörte, wusste ich, dass es ein Problem gab. Meinem Ohr zuliebe schrie mein Kunde am anderen Ende glücklicherweise nicht. Aber er war nicht glücklich.

Ich zog meinen Anzug an, nahm ein Taxi, und zwanzig Minuten später war ich im Büro meines Kunden. Er saß in seinem Chefsessel und rauchte seine Zigarette. Er winkte mir, mich ihm gegenüber zu setzen - das würde interessant werden.

Es stellte sich heraus, dass das Problem, das mein Kunde zuerst bemerkte, gar nicht so schlimm war. Tatsächlich war durch eine Reihe von Zufällen etwas eingetreten, was niemand auf der Welt hätte vorhersagen können. Aber es ist passiert, und ich musste damit fertig werden.

"Es" war eine englischsprachige Anzeige, die mein Unternehmen im Rahmen einer Kampagne für einen multinationalen Kunden erstellt hatte. Dieser Kunde fand eine ähnliche Anzeige in japanischer Sprache, die von einem anderen Unternehmen unter Verwendung desselben Fotos, das wir ausgewählt hatten, erstellt worden war. Es handelte sich nicht um einen Konkurrenten, und wir hatten diese andere Anzeige noch nie gesehen. Trotzdem war das Unternehmen des Kunden verärgert.

Innerhalb von zwei Tagen war das Problem gelöst, aber diese Erfahrung lehrte mich eine wichtige Lektion im Umgang mit Problemen.

Wir wollen nicht so tun, als ob jedes Beratungsprojekt von Anfang bis Ende reibungslos abläuft. Bei den meisten Projekten gibt es das eine oder andere Problem. Das gehört zum Geschäft.

Aber was soll man tun, wenn ein Projekt wirklich schief läuft? Wenn etwas schief gelaufen ist? Wenn etwas ganz klar nicht in Ordnung ist?

Es ist Zeit für Schadensbegrenzung. Lassen wir das übliche: "Finden Sie zuerst heraus, warum das Problem aufgetreten ist, und sorgen Sie dafür, dass es nicht wieder auftritt." Das macht Sinn, aber wenn der Druck den Kopf Ihres Kunden zum Platzen gebracht hat, sollte Ihre erste Handlung nicht darin bestehen, an die Zukunft zu denken. Sie sollten an das Hier und Jetzt denken.

1) **(Stehen Sie auf!** - Wenn es deine Schuld ist, gib sie zu. Verstecken Sie sich nicht davor. Der Versuch, die Schuld auf jemand anderen oder ein Ereignis zu schieben, hilft nicht weiter. Und Ihr Kunde wird Sie nur in einem schlechteren Licht sehen.

2) **Seien Sie transparent** - Erklären Sie Ihrem Kunden, was schief gelaufen ist. Und noch wichtiger: Sagen Sie ihm, was Sie tun, um die Situation zu bereinigen. Jeder macht Fehler. Es ist keine Schande, zuzugeben, dass Sie einen gemacht haben, wenn Sie einen gemacht haben. Legen Sie alle Karten auf den Tisch und zeigen Sie Ihrem Kunden, dass Sie nichts verschweigen und wirklich nur sein Bestes wollen.

3) **Schützen Sie sich selbst** - Wenn Sie das Problem nicht verursacht haben oder Ihnen etwas angelastet wird, das nicht Ihre Schuld war, müssen Sie sich schützen. Einfach zu argumentieren, dass Sie es nicht waren, ist ein großer Fehler, den viele Menschen machen. Seien Sie vorbereitet. Sie müssen die Chancen zu Ihren Gunsten umkehren, indem Sie Ihrem Kunden echte Beweise (Zahlen, Daten, Ergebnisse, Materialien) dafür vorlegen, dass Sie nichts falsch gemacht haben.

4) **Unterstützen Sie sie** - **Unabhängig** davon, wessen Fehler es war, müssen Sie Ihren Kunden unterstützen. Es ist klar, dass er verärgert ist und sich gestresst fühlt. Vielleicht ist durch den Fehler sein Arbeitsplatz in Gefahr geraten. Vielleicht haben sie eine ganze Menge Geld verloren. Was auch immer es ist, zeigen Sie Ihre Unterstützung und helfen Sie ihm, dem Problem auf den Grund zu gehen und es zu beheben.

5) **Entspannen Sie sich** - ernsthaft. Atmen Sie tief durch. Das war der Punkt, an dem ich es vermasselt habe, als ich diese Erfahrung zum ersten Mal gemacht habe. Ich war so gestresst, dass ich die anderen wichtigen Dinge im Leben aus den Augen verlor. Das war ein großer Fehler, denn ich habe

nicht nur meinen Geist und meinen Körper für ein paar Tage geschädigt, sondern mein Gehirn war so gestresst, dass es getrübt war, was mein Denken verlangsamte und es dadurch länger dauerte, eine Lösung zu finden.

Um Ihnen zu helfen, sich in einer solchen Situation zurechtzufinden, möchte ich Ihnen fünf Schritte vorstellen, die Sie unternehmen können, um die Unzufriedenheit Ihres Kunden zu lindern, das Problem zu lösen und den Projektzug wieder in Gang zu bringen.

Wenn Sie unter Stress leiden, und das wird gelegentlich der Fall sein, tun Sie Ihr Bestes, um alles ins rechte Licht zu rücken. Was ist das Schlimmste, was passieren kann? Ist es wirklich so schlimm für Ihr Geschäft und Ihr Leben insgesamt? Wenn Sie Ihre Perspektive klären und das wirklich Wichtige in den Vordergrund stellen, können Sie die Erfahrung in eine wertvolle Lektion verwandeln. Sie können die Situation tatsächlich kontrollieren, anstatt sich von ihr kontrollieren zu lassen.

SIE WERDEN NICHT ALLEIN ERFOLGREICH SEIN

Es gibt vieles, was Sie selbst tun können, um Ihr Unternehmen voranzubringen, einschließlich der Maximierung von Produktivität und persönlichem Wachstum. Als Berater mit eigenem Unternehmen werden Sie sich oft auf Ihre eigenen Fähigkeiten und Ressourcen verlassen, um Ihren Kundenstamm und Ihren Erfolg aufzubauen. Es liegt in der Natur des Beratungsgeschäfts, auf sich selbst angewiesen zu sein, aber ich möchte Sie bitten, sich eine Frage zu stellen.

Mythos oder Wahrheit? Fachleute brauchen keine Hilfe, weil sie Fachleute sind.

Dies ist ein weit verbreiteter Mythos.

Es ist verständlich, dass man sich das vormacht. Wenn Sie so ein Experte auf Ihrem Gebiet sind, warum sollten Sie dann die Hilfe eines anderen brauchen? Sie wissen doch schon alles!

So funktioniert das nicht.

Hier ist Eric Schmidt, der ehemalige CEO von Google, zum Thema Trainer:

"Fast jeder Experte auf der Welt hat eine Art Coach. Ich kenne Unternehmensberater, die jedes Jahr Millionen von Dollar verdienen und ihre eigenen Coaches nicht hoch genug einschätzen können!"

Das sind Trainer, die Trainer haben! Jeder kann von einem Unterstützungsnetzwerk profitieren. Es gibt immer etwas, das man von anderen lernen kann, die Erfahrung haben. Das liegt daran, dass wir alle unterschiedliche Erfahrungen haben.

Zwei hochqualifizierte Strategen verfügen über leicht unterschiedliche Fähigkeiten, haben mit verschiedenen Kunden gearbeitet und haben unterschiedliche Erfahrungen gemacht.

Manchmal setzen Sie sich mit Ihrem Mentor oder Coach zusammen und sprechen mit ihm über ein Problem, das Sie beschäftigt. Es könnte um eine schwierige Kundensituation gehen, um die Schwierigkeiten, neue Kunden zu gewinnen, oder um ein Angebot, an dem Sie gerade arbeiten. Sie haben große Schwierigkeiten mit dem Problem. Sie sehen einige Lösungen, aber Sie sind sich nicht sicher, welche die beste wäre.

Du sprichst mit deinem Coach und es passiert etwas Magisches. Er erklärt die Probleme auf eine andere Weise. Er spricht über die Möglichkeiten aus einem etwas anderen Blickwinkel. Er schlägt andere Ansätze vor. Jetzt ergibt alles einen Sinn.

Als ich mit der Beratung begann, dachte ich, ich wüsste alles. Okay, vielleicht nicht alles, aber so viel, dass ich nicht glaubte, dass ich das Fachwissen von jemand anderem brauchte, um mein Beratungsgeschäft wachsen zu lassen. Ich las Bücher über Marketing, Strategie, Beratung und Verkauf öfter als ein mit Steroiden vollgestopfter Sportler ins Fitnessstudio geht. Ich fand, das war genug.

Lesen ist sehr befähigend. Das einzige Problem ist, dass Lesen manchmal nur zum Lesen führt, nicht aber zur Umsetzung und zum Handeln.

Meine erste Erfahrung als Mentorin machte ich ein paar Jahre später, als ich mit einem der besten Berater meiner Stadt zusammenarbeitete. Eigentlich hatte er mich eingestellt, um ihm bei seinem Marketing zu helfen. Das war eine großartige Erfahrung, nicht nur, weil ich mit einem der klügsten Experten für Unternehmenswachstum zusammenarbeiten durfte, den ich kenne, und nicht nur, weil ich dafür gut bezahlt wurde, sondern auch, weil ich einen Blick über die Schulter darauf werfen konnte, wie dieser Mann sein internationales Geschäft führte.

Ich hatte aus erster Hand Zugang zu seinen Systemen, Prozessen und Werkzeugen. Und er teilte eine Menge Informationen darüber, wie er mit Kunden arbeitet und seine Zeit, sein Geld und sein Geschäft verwaltet. Ich nahm die Informationen und wandte sie auf mein Geschäft an - mit großartigen Ergebnissen. Das war mein erster richtiger Vorgeschmack auf das, was ein Mentor bieten kann.

So kann Ihnen ein Coach oder Mentor helfen. Dafür ist ein Unterstützungsnetzwerk da. Sie müssen nicht alles selbst machen.

Ein paar Jahre später arbeitete ich mit einem anderen Berater zusammen, der mehrere Beratungsbüros leitete, und wurde von ihm betreut. Während unserer gemeinsamen Arbeit teilte er viele Techniken und Strategien, die bei ihm funktionierten und die er mir empfahl, ebenfalls anzuwenden.

Ein Tag war mir besonders in Erinnerung geblieben. Mein Mentor verriet mir eines seiner Geheimnisse der Preisgestaltung und der Honorarstrukturen. Ein paar Wochen später, als ich mich mit einem potenziellen neuen Kunden traf, verwendete ich genau dieses Geheimnis der Preisstruktur. Und das Ergebnis? Es brachte mir ein laufendes Projekt im Wert von über 90.000 Dollar ein.

Vielleicht hätte ich den Kunden auch ohne die Informationen meines Mentors an Land gezogen (das würde ich gerne glauben), aber ich bin mir ziemlich sicher, dass ich den Kunden niemals dazu gebracht hätte, den von mir vorgeschlagenen Preis zu akzeptieren.

Wenn Sie diese Art von Coaching suchen, sollte Ihr Mentor:

- Sie haben eine nachgewiesene Erfolgsbilanz: Sie wollen wissen, dass sie Ergebnisse erzielt haben.

- Sie haben bereits Kunden. Halten Sie sich von akademischen Beratern fern, die noch keine Erfahrung in der Praxis haben.

- Ihnen eine Art Garantie anbieten: Es ist nicht realistisch, dass jemand Ihnen Ergebnisse garantiert, wenn Sie nicht weitermachen, aber er sollte alle angemessenen Schritte unternehmen, um Ihnen zu zeigen, dass er zuversichtlich ist, dass Sie die gewünschten Fortschritte erzielen werden.

- Seien Sie erreichbar: Sie wollen keinen Mentor oder Coach, der Sie nicht zurückruft oder schwer zu erreichen ist.

WAS SIE WISSEN MÜSSEN

Hier ist die Realität. Einige Mentoren und Coaches verlangen eine Menge Geld. Mit einigen können Sie kostenlos zusammenarbeiten oder sich sogar von ihnen bezahlen lassen, wenn sie Ihr Kunde sind (wie im ersten Beispiel, das ich genannt habe). Wenn Sie jedoch einen Mentor finden, der wirklich weiß, wovon er spricht, wären Sie ein Narr, wenn Sie nicht mit ihm arbeiten würden. Sicher, Sie können wahrscheinlich auch ohne sie ans Ziel kommen. Es wird nur viel länger dauern und Sie auf lange Sicht viel mehr Zeit und Geld kosten.

Ja, auch Berater brauchen Mentoren. Sie tun gut daran, sich einen zu suchen, der Ihnen hilft, Ihr Beratungsgeschäft auf die nächste Stufe zu heben. Es ist nicht leicht, in diesem Geschäft erfolgreich zu sein. Es wird viel einfacher, wenn Sie Menschen haben, die Ihnen helfen. Unabhängig von Ihrem derzeitigen Erfolg und Ihrer Erfahrung kann es einen großen Unterschied machen, wenn Sie Hilfe bekommen.

Wenn du dir Hilfe holst, zeigt das nicht, dass du nicht schlau bist, sondern wie schlau du bist!

CHECKLISTE: PRODUKTIVITÄT UND WACHSTUM

Ich habe einen strategischen Plan erstellt, der mich für meine Kunden interessant macht und mich von meinen Mitbewerbern abhebt.

☐ Ich werde mir jeden Tag ein Ziel setzen, das meinem Unternehmen zugute kommt.

Ich ☐habe meine größten Zeitverschwender identifiziert und werde jede Woche zwei davon streichen.

☐ Ich kenne die vier Strategien zur Vermeidung des Consultant's Build Syndroms.

☐ Ich habe einen Plan für die körperliche Gesundheit erstellt.

☐ Ich habe meine Ziele auf einem Planungsblatt festgehalten und es dort ausgehängt, wo ich es sehen kann.

☐ Ich werde Gelegenheiten erkennen und nutzen.

☐ Ich kenne die fünf Schritte, um mit schwierigen Situationen mit Kunden umzugehen.

☐ Ich habe einen qualifizierten Mentor gefunden.

SCHLUSSFOLGERUNG

Um ein erfolgreicher Berater zu sein, muss man in erster Linie aktiv werden. Und es ist entscheidend, dass Sie die richtigen Maßnahmen ergreifen.

Dieses Buch hat Ihnen die Techniken und Strategien vermittelt und Sie an Erfahrungen teilhaben lassen, die Sie auf den Weg zum Erfolg bringen. Jetzt ist es an der Zeit, das Gelernte anzuwenden.

Es gibt zu viele Menschen, die es mit der Beratung versucht haben, aber keine Berater mehr sind. Das hat nichts mit ihrer Intelligenz zu tun, sondern mit ihrer Beharrlichkeit, ihrem Vorgehen und ihrem Ansatz.

Ich hoffe, Sie haben diese Reise genossen und freuen sich darauf, das auf diesen Seiten Gelernte in die Praxis umzusetzen.

Ich wünsche Ihnen alles Gute auf Ihrem Weg zum Erfolg! Sie haben es in der Hand, also gehen Sie und holen Sie ihn sich!

www.ingramcontent.com/pod-product-compliance
Lightning Source LLC
Chambersburg PA
CBHW070538220526
45467CB00003B/988